U0881486

动物农场

[英] 奥威尔◎著

宵阑◎译

天津出版传媒集团

天津人民出版社

图书在版编目（CIP）数据

动物农场：汉英对照 /（英）奥威尔著；宵阑译
. -- 天津：天津人民出版社，2017.5（2018.9 重印）
ISBN 978-7-201-11285-5

Ⅰ. ①动… Ⅱ. ①奥… ②宵… Ⅲ. ①英语 - 汉语 - 对照读物②中篇小说 - 英国 - 现代 Ⅳ. ① H319.4：I

中国版本图书馆 CIP 数据核字 (2017) 第 033647 号

动物农场

Dong Wu Nong Chang

[英] 奥威尔　著　宵阑　译

出　　版　天津人民出版社
出 版 人　黄　沛
地　　址　天津市和平区西康路 35 号康岳大厦
邮政编码　300051
邮购电话　（022）2332469
网　　址　http://www.tjrmcbs.com
电子信箱　tjrmcbs@123.com

责任编辑　章　赪
装帧设计　杨祎妹

制版印刷　天津旭丰源印刷有限公司
经　　销　新华书店
开　　本　787 × 1092 毫米　1/16
印　　张　13
字　　数　87 千字
版次印次　2017 年 5 月第 1 版　2018 年 9 月第 2 次印刷
定　　价　22.00 元

版权所有　侵权必究
图书如出现印装质量问题，请致电联系调换（022-23332469）

译者序

《动物农场》是一部反乌托邦、反极权主义的经典名著，是世界文坛著名的政治讽喻小说。它和《1984》同为乔治·奥威尔的代表作。

本书篇幅不长，故事结构并不复杂。在曼诺农场里，不堪人类驱使和沉重劳役的动物们，受到一头叫“老少校”的公猪的启发，产生了推翻人类的统治、解放自己的美好愿景。“老少校”不久就死了，而动物们驱逐了人类，建立起了由动物自己管理自己的动物农场，至此他们似乎已经实现了自己当家做主的理想。这之后，处于领导地位的两头猪展开了夺权斗争。他们纷争不休，政治理念和个人魅力也都各异。最终，一方借助暴力手段将另一方从政权中肃清，掌握了绝对的统治权。随后，其统治权力不断膨胀，这头猪本身和所有其他的猪都成为新的特权阶级，后来为了巩固其统治的稳定，更是发动了一场排除异己的大清洗。动物农场早已与最初的政治理想渐行渐远，但在官方各种论调——这里已然建设成了动物们的乐土——里，动物们对真相的辨别力被不断弱化，它们困惑而懵懂于美丽的谎言，迷失在现实与官方宣传中的那个世界的混沌鸿沟中。然而实际上，他们日复一日要面对的，是比人类那时更加冷酷和森严的体制，也不要再提起什么解放劳动力了——猪们，尤其是他们敬爱的领袖同志，是更甚于人类的残酷剥削者。并且猪早就违背了革命伊始全体表决通过的七条戒律，之后更与象征压迫和剥削的人类建立了友好同盟的关系。至于以后，谁知道……

本书以隐喻的笔法、冷峻的视角，借动物农场的动物们兴起的一场“动物主义”革命的酝酿、兴起和最终畸变，表现了为了建立理想社会的革命的残酷，借营造一个假想的动物世界的极权社会，描述了让人窒息的极端恐怖的氛围，从而发人深思：动物们追求的自由究竟是怎样的？他们的动物主义革命从哪个环节开始畸形变异？有没有什么办法可以遏制动物农场的统治者那极端膨胀的权力欲，或者早在动物革命开始的时候就辨别出这些家伙的真面目？动物农场为什么没能捍卫住最初的政治理想？为什么动物们越是想要解放、想要民主，反倒越是陷入了被极权压迫的怪圈甚至最后在更深的桎梏中懵懂无知地死去？理想乡存不存在，对乌托邦的追求是会更加接近它还是会不可避免地走向它的反面？

作者乔治•奥威尔是英国著名小说家、散文家、新闻记者和社会评论家。他的一生十分短暂，饱受飘零和疾病之苦，历经战争，见证了统治者与被统治者、殖民者与被殖民者之间尖锐的冲突，对贫穷者和被压迫者持以同情，不愿与上层阶级为伍。他憎恶用政治蒙骗、摆弄群众，借文字揭露统治阶级惯于粉饰现实的伎俩以及蛊惑民心的花巧手段，对战争与和平、极权与民主、社会现实与政治理想都有深刻的思考。其作品政治内涵颇丰，而文学性兼得。

英文原书章节无标题，为更方便中国读者把握各章内容，译者翻译时根据个人对内容的理解，给各章增加了标题和一句话概述，望能对初次阅读本书的读者有所助益。

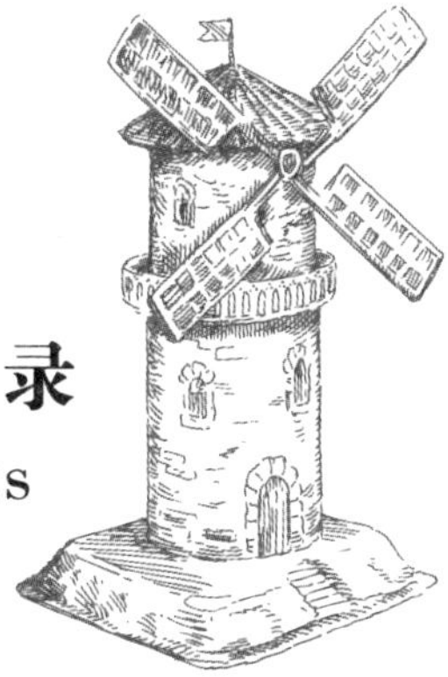

目　录
Contents

动物农场

第一章 初醒

英格兰的野兽在黑夜歌唱

琼斯先生，曼诺农场的主人，今晚预备歇息前逐一锁上了鸡舍，可惜今天他实在喝了太多酒，把旁侧的不少小门给漏下了。琼斯先生踉跄着穿过院子，手里提着的那把灯的光也随之晃个不停。一进后门，他就奋力蹬掉了那两只皮靴，又从洗碗间的啤酒桶倒了今天的最后一杯酒，这才摸上了床。而此时琼斯太太早就耽于梦乡，发出了阵阵鼾声。

琼斯先生的卧室刚熄了灯，整个农场里所有的棚舍就闹腾腾地起了骚动。白天就有消息传开，老少校——那头得过奖的灰白色大公猪，头天夜里做了个奇怪的梦，想叫农场里的其他动物们都听听。大家商量好，只等确定了琼斯先生不来碍事，他们就在大谷仓集合。老少校——大家一向这么叫他，虽然当年他参加展赛时用的名字是“威灵顿美人”——在农场极有声望，每个动物都挺乐意少睡一个小时，就为了来听听他说些什么。

大谷仓的一头有个凸起的台子，老少校已经在那上面用干稻草铺的床上安稳地坐着了，一盏灯悬在他头顶的房梁上。少校这时有十二岁了，近来渐渐发福，不过看上去还是相貌堂堂的。尽管事实上他从来没有剪掉犬牙，不过依旧看起来既睿智又温和。不一会儿，动物们陆续聚了过来，并以各自的习性安置自己。最先到的是三条狗——蓝铃草、杰西和平切尔。接着是一群猪，一来就卧在了台前的稻草上。母鸡栖在窗台上。鸽子扑棱着翅膀，落在了椽子上。绵羊、奶牛在猪后面趴下来，开始反刍。两匹套车的马——拳击手和苜蓿，一块儿进来了。他俩走得很慢，落下毛茸茸的大蹄子时小心翼翼，就怕踩上藏在草里的什么小动物。苜蓿是一匹壮实又温驯的母马，已经步入中年了，在生育过四胎马驹后，再没能恢复昔日美丽的体态。拳击手身材高大壮硕，个头接近六英尺[1]，力气赛得过两匹马之和。不过鼻梁上生了挺长一道白白的毛色，让他显得有些傻里傻气。当然事实上他也不怎么聪明，但他凭借坚毅的性格和强大的干劲儿，赢得了所有动物的崇敬。在马后面进来的，是白山羊穆里尔和毛驴本杰明。本杰明在农场的资格算得上最老，脾气也最坏。他不爱说话，但一开口就十分刻薄。比如，他说上帝给他尾巴是为了供他驱赶苍蝇，但是他不想要这个尾巴，当然，最好也别有苍蝇。农场的动物中只有本杰明从来不笑，问他为什么，他说看不出有什么值得笑的事情。不过，尽管本杰明从未公开承认，但他却真心钦佩拳击手。他们经常去果园那边的小围场共度周日，肩并肩地沉默着吃草。

这两匹马刚卧下来，一群失去了妈妈的小鸭子排成一排走了进来，他们有气无力地叽叽喳喳、左顾右盼，想找个不会被踩到的地方。苜蓿用她两条粗壮的前腿围住这帮小鸭子，他们依偎在里面，舒服地蜷着歇息，很快就睡着了。直到聚会快开始的时候，替琼斯先生套双轮轻车的茉莉——她是一匹漂亮的白色母马，但十分愚蠢——才扭摆着腰身走进来，故作姿态，嘴巴里还嚼着一块方糖。她找了个靠前的位置坐下，当即摆弄起自己白色的鬃毛，试图引人注意系在那上面的红缎带。最后来的是猫，她照例四处张望着，想找个最暖和的地方。最后她挤进了拳击手和苜蓿中间。老少校讲话时，她就一直舒服地待在那里，发出呼噜呼

[1] 英美制长度单位，1 英尺等于 12 英寸，合 0.3048 米。

噜的、心满意足的声音，压根儿没听一个字。

除了被驯养的那只乌鸦摩西正睡在农场后门后面的栖木上，所有动物都到齐了。见大家已经安稳地待好，并且都打起精神等着，老少校清了清喉咙，开口说道：

“同志们，关于我昨晚做了个奇怪的梦的事，想必大家都有所耳闻了。但一会儿再谈这个梦的具体内容。我要先说点儿其他的事。同志们，我恐怕同你们在一起的日子不会太长了。在我离世之前，我觉得有责任把我毕生的智慧传授给你们。我的一生也够长久了，当我独自躺在猪舍里时，我总是在思索。我想我能够说，对于生命的本质我已经相当了解了，并且了解得和世间任何活着的其他动物一样多。我要讲给你们的就是这些道理。

“那么，同志们，我们究竟过的是怎样的生活？让我们直面事实：我们的生活悲惨、劳苦，而且极其短暂。我们出生以后，所得的食物，不过刚够让我们苟延残喘着勉强维生。只要我们还能够劳动，就被驱赶着工作，直至最后一丝气力也被榨干；当我们没有了劳动价值，等待着我们的是立刻被残酷地屠宰的结局。在英格兰的动物，只要满了一岁，就再也不知道幸福和悠闲的滋味了。英格兰的动物是没有自由的。动物的一生就是遭受苦难和奴役的一生——这个事实简直再清楚不过。

“但是大自然有做这样的规定吗？是我们这块土地太贫瘠了，不足以使居住在此的动物们更舒适些地生活吗？不是的，同志们，绝不是这样！英格兰的土地是肥沃的，气候也很温和，即使要养活比现在多得多的生灵，这片土地也有能力提供丰饶富足的食物。单是我们这一个农场就能养活十二匹马、二十头奶牛和数百只山羊，而且足以让他们都过得舒适、体面——是现在的我们都无法想象到的。然而为什么我们还是过得如此悲惨呢？这是因为，我们的劳动成果几乎完全被人类窃取了。同志们，所有的问题，归根结底只在一个字——人。人是我们唯一的、真正的仇敌。只有把人驱逐出这片土地，才能把我们饥饿劳苦的根源永远地铲除。

“人是唯一的只会消费而不事生产的生物。他不会产奶、不会生蛋；力气小到不能拉犁；跑得不快，逮不着兔子。但是他却担当了所有动物的主宰。他驱使动物干活，把几乎全部的劳动所得据为己有，只分给动物们仅够勉强维生的少得不能再少的数量。我们不辞劳苦地在这片土地上耕耘，我们用自己的粪便让这里变得肥沃，但是除了身上的一张皮，我们还得到了什么！？诸位站在我跟前的奶牛们，过去的一年你们产出了几千加仑的牛奶啊！这些本来可以用来哺育强壮的牛犊的奶现在去了哪儿？每一滴都流进了我们仇敌的喉咙里。还有诸位母鸡，过去的一年，你们下过多少蛋啊！可最终能孵化出雏鸡的有几只呢？其余的蛋都被琼斯和他的伙计们拿到市场上换成了钱。还有你，苜蓿，你的那四匹马驹去哪儿了呢？他们原本会成为你年老时的依靠和安慰！但他们都在刚满一岁的时候被卖掉了——你再也见不到他们。你四次怀胎分娩，在地里又一贯勤恳辛劳，然而除了每天那点勉强能果腹的少得可怜的口粮和一间马厩外，你得到了什么呢？

“可就是这种悲惨的生活，我们也不被允许走到注定的尽头。我个人没有什么好抱怨的，因为我的运气还不错，活了十二年，生养了四百多个崽子，这对一头猪来说也算得上不错的一生。但是到头来没有动物能逃脱被刀屠宰的下场。坐在我面前的小肥猪们，不出一年，你们都会在屠刀下嚎叫着送命。我们都会遭遇这厄运，牛、猪，还有鸡和羊，大家都难逃一劫。就是马和狗的命运也不会多好。例如你，拳击手，有朝一日你强健的肌肉变得老弱无力，琼斯就要把你卖给屠宰马的贩子，他会割开你的喉管，煮了你的肉给猎狐犬当食物。而狗呢，等他们老得掉了牙，琼斯会在他们的脖子上系一块砖，把他们沉到附近随便哪个池塘里。

“同志们，我们生命中一切苦难罪恶的根源，就在于人类的专制暴虐——事情已经再清楚不过了。只有推翻人类的统治，我们的劳动成果才能完全归于自己，几乎在一夜之间，我们会变得富有而且自由。那么，我们该怎么干？毫无疑问，必须夜以继日、全力以赴地斗争，只为推翻人类的统治。同志们，今天我要告诉你们的就是这个：造反！我并不知道这场运动会在什么时候到来，也许是一个星期之后，也许还要过一百年。但我知道的是，正义总有一天将来临。对这点我十分确定，就和看到脚下的稻草一样清楚。同志们，在你们短暂的有生之年里，我希望你们始终铭记这个目标。最重要的是要把我教导给你们的，传给你们的后代。这样我们未来的世世代代就会反抗不息，直到赢得胜利。

“大家务必谨记：决心永远不可动摇。不可让花言巧语把你们引入歧途。切勿听信那些披着糖衣的谎话，说什么人类和其他动物有着一致的利益，人类的繁荣也会使动物随之兴旺。人只在意自己，不会考虑自己以外的其他生物的利益。我们动物在斗争中一定要完全彻底地团结协作。所有的人类都是仇敌，所有的动物都是同志。”

就在这个时候，谷仓里突然变得沸反盈天。原来在老少校讲话时，四只大老鼠钻出了洞，蹲坐在两只后腿儿上听他演讲。可是突然间被几只狗瞧见了，幸亏老鼠们一溜烟儿窜进洞里才得以保住性命。少校举起前蹄，示意大家安静。

“同志们，”他说，“现在有个事情必须做个决定——非驯养的动物，像老鼠、兔子，是算我们的朋友，还是我们的敌人呢？大家共同做个表决。我现在把这个问题提到大会上：老鼠是不是我们的同志？”

表决随即进行，同意把老鼠归为同志的占了压倒性多数。只有四票反对：三只狗和一只猫。过后动物们才发现，老猫投了两次票：赞成票和反对票。老少校继续讲话：

“我还要说的不多，只想重申一条：大家要时刻牢记自己的使命，那就是同人类及人类的一切生活方式斗争到底。凡是用两条腿行走的，就是我们的仇敌。凡是用四条腿行走的，或者是靠翅膀飞的，就是朋友。必须同样牢记的是，在我们反抗人类的斗争进程中，绝不要模仿他们。即便有一天征服了人类，也绝不承袭他们的恶习。所有的动物都不准住在房子里，不许在床上睡，不许穿衣服，不许喝酒吸烟，不许接触金钱或者进行交易。人类所有的生活方式都是罪恶。最重要的一点，动物内部绝不许发生欺凌。不论弱小还是强大，聪明或是愚鲁，我们都是兄弟。凡动物皆不得杀害其他动物。所有的动物一律平等。

“同志们，现在我来告诉你们关于昨夜的那个梦——我无法描绘出那个梦的情境，我梦到的是人类被铲除之后这个世界的景象。这个梦令我回想起我早已忘记的一些事情。多年以前，在我还是个小猪的时候，我母亲和其他几个同辈的母猪常哼唱一首古老的歌。她们只会哼唧那首歌的调子和歌词开头的几个字。我小时候也学会了哼那首调子，但很久很久之前已经忘记了。然而昨晚，这首歌突然在我的梦中回来了。奇怪的是，整首歌的歌词也都在梦中显现。我敢肯定这就是很久以前动物们都在唱的那首歌——后来失传了好多好多年代。同志们，现在我要把这首歌唱给你们听。我老了，声音也沙哑得厉害，但是等我把它传授给你们，你们可以更好地唱给自己听。这首歌的名字叫‘英格兰野兽’。”

老少校清清喉咙就唱起来。就如他自己承认的那样，他的声音沙哑不堪，但是他唱得非常好。这首歌的调子介于《克莱门汀》和《拉·库卡拉查》之间，很是慷慨激昂。歌词是这样的：

英格兰的、爱尔兰的、所有的地方的兽类，
大家来听我说最喜悦的消息，
聆听如黄金一样闪耀的未来。
这一天总归要到来，

专制暴虐的人类被驱逐。

英格兰美丽富饶的沃土，

都会是属于我们的乐园。

我们的鼻子不必再穿铁环，

我们的脊背不会再负挽具，

嚼子和马刺也将永远地告别我们，

不会再有人拿皮鞭残酷地抽打我们。

那是我们甚至难以想象的富裕生活，

大麦、小麦、草料，

苜蓿、大豆、甜菜，

到那一天全部都为我们所享用。

阳光普照英格兰的田野，

池塘和河水都变得更甘甜，

拂面的风也愈发的柔和。

即便我们无法赶上这样的好时候，

但为了这一天，我们怎能不奋斗！

牛、马、鸡、鹅，

所有的动物，

为了那闪光的自由，

甘心流血又流汗。

英格兰的、爱尔兰的、所有的地方的兽类，

大家来听我说最喜悦的消息，

聆听如黄金一样闪耀的未来。

少校唱的这支歌，使动物们都情绪激昂。几乎等不及老少校唱完，他们就自己哼唱起来，就连最笨的也学会了歌的曲调和个别几句歌词。

而聪明一些的，比如猪和家犬，几分钟内就把全部歌词记在心里了。接着，在初步尝试过几遍之后，动物们整齐和谐地爆发出《英格兰野兽》大合唱，歌声响彻农场。母牛哞哞的叫声、狗的吠声、羊的咩咩声、马的嘶鸣声，还有鸭子嘎嘎的叫声，都各自发挥、互相配合。大家都为这首歌而亢奋，以至于连唱了五遍还不肯停歇。要不是中途被打断，说不定他们要唱到东方发白。

不过很遗憾，琼斯先生被喧嚣吵醒了。他想着是不是狐狸跑进了院子，于是立刻就跳下了床，一把抄起总是放置在他的寝室一角的那支枪，把膛里装着的六号子弹朝黑暗的院子射了好几发。子弹射进了大谷仓的墙里，动物集会因此匆匆解散了。动物们一个个仓皇逃回自己的栖所，飞禽跃上栖木，牲畜卧在稻草堆里，顷刻之间，农场就完全陷入了梦乡。

第二章　幸运

轻松的胜利，也许还没准备好

三天以后，老少校在睡梦中平静地死去。遗体被埋葬在果园一角的下面。

这时候正是三月初。在这之后的三个月中，秘密活动正在酝酿；老少校的讲演使农场中那些头脑还不错的动物有了一个全新的生活观。他们不知道少校预言的造反将在什么时候发生，他们也并不认为这个造反会在他们有生之年内发生，但他们很清楚，他们有责任为之准备。教育和组织其他动物的工作自然而然地就落在了被认为是最聪明的猪的肩上，而其中最杰出的是两头年轻的公猪，一个叫雪球，一个叫拿破仑，他们是琼斯先生为了售卖而饲养的。拿破仑是头伯克夏种公猪，也是农场里唯一的伯克夏种，他个头大，样子凶恶，不爱说话，性子有名的执拗。同拿破仑比起来，雪球性格更活泼，口齿伶俐，富有创造力，但大家认为他的性子则比不上拿破仑沉稳。农场里其他的都是肉猪了；他们中最出名的是一头名叫喉舌的小肥猪，脸长得圆乎乎，眼睛炯炯的，动作敏捷，声音尖锐。喉舌的口才了得，当他力图阐释清楚一个艰深的观点时，总爱跳来跳去，尾巴也随之甩动，这一切都令他具有出奇的说服力。别的动物聊起来都说，喉舌有能把黑说成白的本事。

这三头猪合起来把老少校的教导琢磨发展出一套完整的思想体系，

称之为“动物主义”。每周总有几个晚上，等琼斯先生入睡了，他们就在大谷仓里秘密集会，向全体动物宣讲动物主义的要旨。刚开始的时候，动物们表现得冥顽不灵或者无动于衷。有的动物大谈对琼斯先生——他们称他为“主人”——忠诚、尽职的义务，尽说些幼稚的蠢话：像什么“我们靠琼斯先生喂养着，要是没有了琼斯先生，我们都会饿死”。还有些会问道：“为什么现在要关心我们死后才发生的事？”为了让大家了解到这些想法是有悖于动物主义的主旨的，几头猪可是下了好大一番气力。蠢得最不可救药的要算白马茉莉所提的问题，她问雪球的第一个问题是：“造反以后还有方糖吃吗？”

“没有了，”雪球语气坚定，“我们没法子在这个农场做方糖。再说你不需要吃方糖，燕麦和草料一准儿叫你吃个够。”

“我还可以在鬃毛上扎缎带吗？”茉莉又问。

“同志，”雪球解释说，“你如此热衷扎在脖子上的缎带，正是奴隶的标志。你难道不了解自由的价值可比那些带子珍贵得多吗？”

茉莉同意了雪球的话，但似乎说不上心悦诚服。

而三头猪面对的更艰巨的斗争是要化解摩西散布的谣言。摩西就是那只驯养的乌鸦，在琼斯先生跟前一向最得宠。它专爱刺探消息，搬弄是非，又长于巧舌如簧地编排瞎话。他宣称，世界上有一个叫作蜜糖山的理想乡，它美丽而神秘，是所有动物死后的归宿。它就在天空云端之上的不远处。蜜糖山每周七天都是星期日，苜蓿四季常生，一块块方糖和亚麻子饼就长在树篱上。动物们不喜欢摩西，因为他专门闲扯却不干活，但关于蜜糖山倒有些动物深以为然。猪花费好大一番唇舌劝说这些动物，跟他们解释世上并没有这样的地方。

两匹套车的马，拳击手和苜蓿，是猪最忠实的信徒。对他俩而言，靠自己想通这些问题太过困难，但一旦他们认定了猪的教导，那么不论猪讲什么他们都会牢记，再用简单的道理把它们传达到其他动物那儿。

拳击手和苜蓿从不缺席谷仓的秘密集会，集会结束的《英格兰野兽》合唱也总是由他俩领唱。

没人预料到形势的发展，这场造反比每一个动物预期的都要更早，也更顺利。过去的那些年头，琼斯先生虽然是个吝啬刻薄的管理者，但作为一名农场主倒也经营有方，只是最近格外倒运。在与人的一场官司中赔进去不少钱，使他变得灰心落拓，闹起了酗酒那一套。这阵子他整天懒洋洋地窝在厨房那把老式温莎椅里，喝着酒，翻翻报纸。偶尔把碎面包皮在啤酒里浸一下喂喂摩西。琼斯雇用的工人也变得懒散无事、玩忽职守，田里长满了杂草，棚舍的顶开始漏雨，没人修整树篱，也没人喂饱动物们。

六月，该是收割草料的时节了。在施洗约翰节的前夜，即星期六晚上，琼斯先生跑去威灵顿，在红狮酒吧喝得烂醉，直到星期天中午才回来。雇工们清早挤过牛奶就跑去打野兔了，把给动物添料的事完全抛到了一边。琼斯先生一回家，立刻又在客厅沙发上睡了过去，还在脸上盖了张《世界新闻报》。所以直到傍晚，始终没人喂过动物。动物们再也忍受不住了，一头母牛率先用犄角撞破饲料贮藏室的门，所有动物一拥而上，各自从饲料箱抢夺食物。就在这个时候，琼斯先生醒了。他立刻带着四个雇工手持皮鞭出现在了饲料贮藏室，先朝四处胡乱抽打了一通。这彻底激怒了挨饿的动物们。尽管事先没有任何计划，这时他们却不约而同地猛扑向施虐的人们。琼斯等人发现自己遭到了来自四面八方的抵撞和踢蹬，场面已经完全失去了控制。他们还从未见过动物的这种行径，他们一贯随心所欲鞭打、虐待的动物的这场突如其来的反叛，简直把他们吓得仓皇失措，片刻，他们就放弃了抵抗的尝试，拔腿逃跑。一分钟后，只见五个人正在通向大路的马车道上狼狈地逃窜，而动物们则在后面乘胜追击。

琼斯太太从卧室的窗口看到了外面发生的一切。她匆忙把些细软扔进一只毛毡的手袋，然后从另外的路溜出了农场。摩西从架子上跳起来，扑棱着翅膀追在她身后，呱呱大叫着。这时动物们已经把琼斯同他的雇工赶到了外面的大路上，然后在他们身后“砰”的一声关上了带五道闩的大门。在动物们还没搞清楚状况的时候，造反大功告成：琼斯先生被驱逐，曼诺农场归动物所有了。

起初的几分钟，他们简直不能相信会有这样的幸运。他们采取的第一个行动就是全体沿着农场的边界跑了一圈，好像为了完全确定没有人再藏在农场里似的。之后他们又跑回农场棚舍，清理掉可憎的琼斯统治时期最后残留的痕迹。他们冲进了马厩尽头装挽具的屋子。嚼子、鼻环、项圈、过去琼斯先生用来阉猪和阉羊的残酷刀子，全都被扔进了井里。缰绳、笼头、眼罩，还有挂在牲畜脖子上、带有污辱性的草料袋，全都被抛到垃圾堆里烧掉。皮鞭自然也被丢了进去。动物们看到鞭子在火堆里燃烧，都欢呼雀跃起来。雪球把从前赶集的日子要系在马鬃和马尾上的饰带，也都扔进了火里。

“缎带就如同人类的衣服，”他说，“是人的标志，所有的动物都该一丝不挂。”

拳击手听到这个，便拿出了他在夏天为了防止苍蝇飞进耳朵里而戴的一顶小草帽，把它和别的东西一道扔进了火堆。

不一会儿工夫，动物们已经把能令他们想到琼斯先生的东西都焚毁干净了。拿破仑领他们到饲料贮藏室，分给每个动物双份的谷物，分给每条狗两块饼干。然后他们唱起了《英格兰野兽》，一连唱了七遍，从头唱到尾；之后安静下来准备歇息。他们还从来没有试过睡得这么安逸恬适。

不过第二天他们照常在黎明醒来。恍惚间他们想起已经发生了非比寻常的大事。他们全都跑了出来，奔向了大牧场。从距牧场不远处的一座小山丘上几乎能把大半个农场尽收眼底。动物们冲到小山丘的顶上，在清晨明亮的光中四下注视。是的，此刻所能看到的一切——这个农场，都属于他们了！在这个想法带来的狂喜中，动物们兜着圈儿地奔跑。在涌动着兴奋的氛围里，他们不住地向半空蹿跳。他们在朝露中打滚，大口咀嚼着甘美的夏草，脚踢着田间的黑土块，狠狠地嗅着田野的芬芳。之后，他们巡视了整个农场一圈，无声地惊羡着眼前的一切——耕地、种秣草地、果园、池塘、小树林，就像此前从未见过这一切似的。即使是这一刻，他们还是不敢相信这些都属于他们自己了。

接着他们排成单行返回农场的棚舍。当来到农场住宅外，他们静静地站住了。这里也是他们的了，可他们还是害怕走进里面。过了一会儿，雪球和拿破仑用肩膀把门顶开，动物这才列队走进去。他们走得小心谨慎，生怕惊动什么似的。他们踮着脚一个屋子接一个屋子地走过，彼此讲话只敢用咬耳朵的音量，怀着一种敬畏，盯着屋内超出了想象范畴的奢华陈设，羽绒软垫的大床、精致的穿衣镜、马鬃沙发、布鲁塞尔地毯，以及挂在客厅壁炉上方的维多利亚女王的版画画像。他们才走下楼梯，发现茉莉不见了，折身回去，只见她正待在后面最漂亮的一间卧室里陶醉着。她贴在镜子前，从琼斯太太的梳妆台上拿了一条蓝缎带，并在肩膀上各种比画，顾影自怜的那副陶醉模样简直蠢透了。他们严厉地责备她，然后一起走了出去。厨房里挂着的几条腌好的火腿，他们准备拿出去埋掉。洗碗间摆着的啤酒桶被拳击手抬起蹄子踢了个大洞。房子里其他的东西没再动过。一项决议当场通过：农场主的住宅应该保留下来当作博物馆。所有动物都同意，谁也不在这里居住。

动物们用完早餐，雪球和拿破仑又把他们召集起来。

“同志们，”雪球说，“现在是六点半，接下来我们还有一整天的时间。今天起我们将开始收割草料，但在这之前有一件事必须首先说明。”

这时几头猪才向大家透露，过去的三个月里，他们靠着自学一本旧的拼音读本——曾是琼斯先生的孩子们使用的，后来被丢到垃圾堆里——已经学会了阅读和书写。拿破仑派别的动物取来了几桶黑漆和白漆，带大家来到通往大路的带五道闩的大门。接着，雪球（他正是三头猪里最擅长书写的）用蹄子的两个趾夹住一把刷子，涂掉写在大门最上方的“曼诺农场”几个字，漆上“动物农场”。从现在开始，这会是这个农场的名字。完事后他们回到农场棚舍里，雪球和拿破仑又搬来一架梯子，把它支在大谷仓的端墙上。他们向动物们解释道，通过过去三个月的学习，他们猪已经把动物主义的宗旨成功地精简为七条戒律。这七条戒律现在就要被题写在墙上，它们将形成不可更改的法律，动物农场的所有动物今后都必须永远遵守。对一头猪而言，站在梯子上保持平衡可并不容易，雪球颇折腾了一番才爬了上去，写写画画地忙乎着，喉舌则在他下面低几阶的位置提着油漆桶。这七条戒律用超级大的白色字母写在刷过柏油的墙上，在三十码[1]以外也能看得清清楚楚。

七戒：

一、所有用两条腿走路的都是敌人。

二、所有用四条腿行走，或者有翅膀的，都是朋友。

三、所有动物都不许穿衣服。

四、所有动物都不许在床上睡觉。

五、所有动物都不许饮酒。

六、所有动物都不许杀害其他任何动物。

七、所有动物一律平等。

字写得很是工整，除了“friend”拼成了“freind”、还有一个地方的S画反了以外，其他所有拼写都很正确。雪球给其他动物高声诵读

[1] 英美制长度单位，通常换算方式为1码=0.9144米，实际1码=0.91440183米。

了一遍。大家都频频点头，表示完全的赞同。比较聪明的动物干脆直接开始背诵。

“现在，同志们，”雪球扔下油漆刷喊道，“我们到种秣草地上去！为了捍卫动物的荣誉，我们势必要比琼斯他们收割得更快！”

这时突然，三头母牛哞哞大叫起来——之前好一会儿她们似乎就已经焦灼难耐了。原来已经一天一夜没人给她们挤奶，她们的乳房几乎都要胀裂了。猪稍加考虑，取来了奶桶，相当成功地给她们挤了奶；他们的蹄子倒是很适合这项工作。很快就挤好了五桶泛着沫儿的鲜浓牛奶，好多动物都饶有兴趣地瞅着它们。

“这些牛奶要怎么处理？”有动物问。

“从前琼斯有时候会往我们的饲料里掺拌一些。”

“别再想着牛奶了，同志们！”拿破仑挡在了奶桶前边，喊道，“牛奶会得到妥善的照管，眼前更重要的事是收割草料，将由雪球同志领队。我随后就跟上来。前进，同志们！草料还等着呢！”

于是动物们结队走向种秣草地，开始了收割。等他们晚上回来时，发现牛奶不见了。

第三章 日常

一个同常理脱节的新农场

为了把草料收割起来，他们挥洒着汗水，勤勤恳恳，任劳任怨。但是他们的辛苦是值得的，因为这次收割甚至比他们预期的还要更成功。

有时，他们的活计是相当艰苦的，因为农具都是为了人而设计的，而非为了动物。对他们来说最大的障碍就是：动物难以使用那些要求两条后腿站立才能操作的工具。不过猪非常聪明，他们总能想出攻克每一道难关的法子。说到马，他们对每一寸田地都了如指掌，事实上对割草、耙地这些活计，他们远比琼斯他们更在行。实际上猪并不劳动，只是指导和监督其他动物工作。凭着比其他动物高级得多的学识，他们自然而然地充任了领导的角色。拳击手和苜蓿都自己套上了割草机或者马拉耙（现在当然不会用嚼子和缰绳），步伐稳重地在地里绕来绕去。一头猪跟在他们后面，视情况不同，有时喊一句："驾！加把劲儿，同志！"有时喊一声："吁！停下，同志！"每一个动物，即便是那些最卑微的，都参与了搬运与堆积的工作。鸭子和鸡甚至整日里顶着太阳艰难缓慢地在地里忙活着——靠嘴巴衔着微末的小撮儿草。最后收割完饲草的时候，他们比当年琼斯和他的雇工干时还少用了两天。最重要的是，这是农场从未有过的一次大丰收，没有浪费一丁点儿劳动成果：鸡、鸭子凭借敏锐的目光，衔回了每一根遗漏的草梗。也没有一个动物偷吃哪怕一口。

整个夏天，农场的工作都运转得宛若钟表般准确。动物们都兴高采烈，这一切都是他们过去所不能想象的。每一口食物都是强烈的、确实的快乐，这是真正属于他们自己的食物，是他们自己劳作生产然后自我供给的，不再是吝啬主人的施舍。在农场的寄生虫——人类，被驱逐出去以后，每个动物都有了更多的食物，也有了更多的休闲时间——尽管他们还不习惯这样。自然，他们也遇到了诸多困难：比如这一年近末时，在收割谷物的时候，由于农场没有打谷机和脱粒机，动物们不得不采用最古老的形式，把谷粒踩出来，再用嘴巴吹去谷壳——但是凭着猪的聪明智慧和拳击手超凡的劲力，他们总算一一渡过了这些难关。拳击手受到每个动物由衷的钦佩。即使在琼斯时代，他也是从来不惜力气地工作；这段日子他更是一个顶仨，似乎要用他那强劲有力的肩膀承担起农场的全部活计，从早到晚一直在推拉搬运，总是出现在工作最艰难繁重的地方。他同一只小公鸡做好约定：每天早晨要比叫醒大家伙儿提前半小时叫醒他。在规定的日常任务开始之前，他就先在看起来最急需的地方自愿当起了义务劳工。当遇到困难和挫折的时候，他的回答总是“我要更努力工作！”——这句话已经成了他的座右铭。

每个动物都各尽其能地工作。例如鸡和鸭子，靠着他们拾捡遗漏在田里的零落谷粒，在收获中节约了五蒲式耳的谷物。没有谁偷吃，没有谁抱怨自己的食物不够。在过去日常生活中简直习以为常的吵嘴、咬斗和嫉妒的情形也渐渐看不到了。没有动物偷懒，或者该说是几乎没有动物偷懒。茉莉早上总是要赖床，工作时也总是借口有颗石子夹在了蹄子里而要提早收工。此外，猫的行径也非常另类。大家注意到，每当有什么工作要做时，就不见她的踪迹了。她往往几个小时不见踪影，直到快开饭时，或者是晚上收工后，才若无其事般重新露面。她总能把缘由说得像煞有介事，而且咕噜咕噜地说得亲切真诚，简直没法让人怀疑她的动机。驴子老本杰明在起义后也没有什么变化。他和琼斯统治农场那时一样，缓慢而固执地工作着，从不偷懒，但也不多做自己份额外的工作。对于那次造反和造反后的结果，他从不发表任何意见。要是有谁问道，琼斯被驱逐后他是否更幸福，他只说：“驴子能活得很长久，你们中还没有谁见过驴子死掉呢。”对他这玄奥隐晦的回答，大家也只好罢休。

星期日不用工作。早饭比平常晚开一个小时，饭后有一项如无例外每周都要举行的仪式。第一项内容是升旗。每个星期在农场被升上旗杆的，是雪球在挽具房里找到的琼斯太太的一块绿色的旧桌布，雪球还在上面用白漆画了个蹄子和犄角。雪球向大家解释，旗面的绿色象征英格兰绿色的田野，画着的白色的蹄子和犄角，则象征人类的统治最终被推翻后诞生的动物共和国。升旗后动物结队进入大谷仓举行名为“大集会”的全体大会。在这里将规划之后一周的工作安排，提出并讨论各项议案。提出议案的总是那几头猪；别的动物知道怎样表决，却不能提出任何议案。讨论最活跃的中心毫无疑问是雪球和拿破仑。但动物们都发现，他们俩的意见从不一致：由一个提出的任何议案，另一个肯定会加以反对。甚至在全体都通过了把果园后面的小围场留作失去工作能力的动物的休憩场所——这项议案不会有人反对它本身——的决议之后，他们也要对确定不同动物的退休年龄激辩一番。大集会最后总是以合唱《英格兰野兽》结束，下午留作娱乐活动的时间。

猪把挽具室辟作了只供他们使用的指挥部。每到晚上，他们就待在这儿参考着从农场的住宅里拿来的书学习铁匠、木工和其他各种实用技艺。雪球还忙着组织其他动物进他所谓的动物委员会。他十分热衷此事，简直乐此不疲。他组织了服务母鸡的“鸡蛋生产委员会”，联合奶牛的“清洁尾巴联盟”，旨在驯化老鼠和野兔的“野生同志再教育委员会”，有关绵羊的“把羊毛变得更白运动”，此外还设立了阅读班、写字班。大体上这些计划都沦为失败。比如驯服野生动物的计划，几乎是立刻就流产了。野生动物的行径一如既往。一旦对他们宽容些，他们马上就得寸进尺。猫加入了再教育委员会，很是活跃了一段日子。有的动物看见她坐在棚舍顶上，同几只在她可以触及的范围之外的麻雀交谈。她对麻雀说，现在所有的动物都是同志，任何一只麻雀，都可以自愿选择靠过来，栖在她的爪子上小憩片刻。然而麻雀们仍然保持着一定距离。

不过读写班却大获成功。到秋天为止，农场里差不多每一个动物都在某种程度上有了读写能力。而猪已经能十分熟练地看书写字了。狗的阅读也练得不错，不过他们对除了念七戒以外的阅读不感兴趣。山羊穆里尔识字的本领比狗更出色，有时候她会在晚上把从垃圾堆里拾到的碎报纸片念给同伴们听。本杰明阅读的本领不比任何的猪差，但从来不显露他的才能。他说，据他所知，并没有什么值得阅读的东西。苜蓿学会了全部的 26 个字母，可就是学不会拼成单词。拳击手学到了字母 D 就再也学不会了。他用一只大蹄子在地上画着 A、B、C、D，之后就站在那里目不转睛地瞪着它们看，抿起耳朵，抖了抖额头的鬃毛，拼命地想着下一个字母，但怎么也想不起来。实际上偶尔有几次，他的确学会了 E、F、G、H，但等他学会他们的时候，他发现，他已经忘记了开头的 A、B、C、D。最后他决定满足于前四个字母，并且每天都写上一两次，好让自己记得牢靠。茉莉只肯学自己名字 Mollie 的那五个字母，便不肯再学其他的字母。她摆弄几根细树枝，整齐地组成了自己的名字，还用一两朵花稍加装饰，继而绕着它不住地欣赏起来。

农场里再没有其他动物能比学会字母 A 更进一步了。另外像是绵羊、鸡、鸭这些蠢笨的动物，甚至背不上来七条戒律。雪球绞尽脑汁了一番，宣布七条戒律其实可以简化为一句准则：“四条腿好，两条腿坏”。他说这就包含了动物主义的实质内涵。无论是谁，只要能完全彻底地掌握这句话，便能保证不受人类的影响。禽类最初提出反对，因为他们看起来也只有两条腿。不过雪球向他们证明事实并不是那样。

雪球说道："同志们，禽类的翅膀更应该被看作推进的器官，而不是主要起操控作用，因此它应该归并到腿那一类。人的标志则是手，人正是凭借它施行种种罪恶的。"

禽类们并不能搞懂雪球这一番深奥的讲演，但还是接受了他的说明。于是所有这些愚笨迟钝的动物就开始努力在心中记诵这句新准则。"四条腿好，两条腿坏"也被题写在大谷仓的端墙上，就写在七条戒律的上面，并且用了更大的字母。绵羊一旦背下了这句准则，对它便有了一种兴致勃发的爱。他们卧在地里就咩咩地叫开了："四条腿好，两条腿坏！四条腿好，两条腿坏！"能连着叫上好几个小时而不觉得厌烦。

拿破仑对雪球的那些委员会没什么兴趣。他认为，对幼小动物的教育要比进行那些已经长大的动物的工作更重要得多。正好杰西和蓝铃草在收割草料后都产下了小崽——共九只壮实的小狗崽。小狗崽刚一断奶，拿破仑从他们母亲怀里带走了他们，说是要担负起对他们的教育。他把他们带到一间小阁楼上，这间阁楼只有靠挽具室的一架梯子才可以到达。拿破仑将这些小狗与外界完全隔离，很快别的动物就忘记他们的存在了。

不知去向的牛奶的秘密不久就揭示了——它被拌进了每天的猪食里。早茬儿的苹果正成熟，果园草坪上散落着被风吹落的苹果。动物们都想当然地认为这些果子会平分给大家，但有一天指示传下来，落地的苹果要收集起来，送到挽具室供猪食用。有些动物咕咕哝哝着怨言，但并没有用。所有的猪都是赞同这个决定的，包括雪球和拿破仑。随后喉舌被派来对其他动物作些必要的解释。

"同志们，"喉舌喊道，"我希望大家不会认为我们猪这样做是出于私利和特权吧？事实上我们中的许多猪并不喜欢牛奶和苹果，我本身就很不喜欢它们。我们消耗这些东西唯一的目的，就仅仅是为了保持我们的精力与健康。经科学证明，牛奶和苹果里包含着一些对维持猪的健康绝对必要的物质。同志们，我们猪是脑力劳动者，农场的全部组织和管理机能都依靠我们来运转。我们夜以继日地谋求着大家的福利。正是为了你们，我们猪才不得不食用那些苹果和牛奶。要知道，如果我们猪没办法履行职责，什么将会发生？琼斯会再度归来！是的，琼斯先生的统治将会复辟！势必会这样，同志们。”喉舌的身子跳来跳去，一边甩动着尾巴，几乎是用恳求的语气在呼吁，“我能确定，你们中没有谁愿意看到琼斯回来吧！”

现在如果说有一件事是动物们立场一致并且毫无争议的话，那就是他们绝不希望琼斯回来。当事情由喉舌从这个角度解释后，动物们就没什么好说的了。让猪保持良好的健康是如此重要，其重要性显而易见。所以不需要更进一步地争论，大家一致同意由猪独享牛奶和落地的苹果，并且包括苹果成熟后农场的主要收获。

第四章 交锋

捍卫之战里，伤感很廉价

到了这一年的夏末，动物农场发生的事已经传遍了整个郡的大半地区。雪球和拿破仑每天都派出好几批鸽子，指示他们混进附近农场的动物中间，把造反的事说给他们听，教他们唱《英格兰野兽》。

这段日子以来，琼斯先生大半时间消磨在威灵顿的红狮酒吧。他向每个肯听的人诉说痛苦，诉说他竟然被一群畜生驱逐出了自己的农场的不公和荒谬。别的农场主都在道义上对他表示同情，但最初并没有给他什么实际帮助。每个人心里都在思量，自己能不能从琼斯的倒霉遭遇里捞到什么好处。幸好毗邻动物农场的两处农场关系一向不和睦。其中一处名叫福克斯伍德的是个面积不小的旧式农场，但照管不善，牧场荒芜，尽是杂木，树篱也缺乏整修。农场主皮尔金顿先生是一位乐天的乡绅，随季节变化，大部分时间不是在垂钓就是狩猎。另一处农场名叫平彻菲尔德，比较小，但照料得不错。农场主弗里德利克先生精明、强悍，成年累月地牵扯在官司里，以擅长宰人的难缠而出名。二人一向彼此憎恶。即便事关双方利益他们也很难和谐相处。

不过动物农场造反的事还是把两人吓得够呛。他们想方设法封锁这方面的消息，不让自己农场的动物获知。开始的时候，对于动物自己管理农场的事，他们还表露出轻蔑嘲讽的样子。这出闹剧会在两周内结束—— 他们说。他们散布说，曼诺农场（他们坚持称之为曼诺农场，无法容忍用“动物农场”这个名字）的动物总是在无休止地打斗，而且就快要因饥饿而灭亡。过了一段日子，那里的动物显然没有饿死；弗里德利克和皮尔金顿便换个方向，开始讨论动物农场如今充斥着罪恶和暴行。按他们的说法，那里的动物同类相食，用烧得通红的马蹄铁彼此施虐，雌性动物也被共有了。根据弗里德利克和皮尔金顿的看法，这累累恶行正说明动物的这场反叛是违反自然法则的。

然而没有谁完全听信这些说法。相反，有座不同寻常的农场，人类被驱逐出去了,动物们自己管理着一切事务——这样的消息却流传广泛，尽管有些事语焉不详，有些事又有所出入。整个这一年，英格兰的乡间被造反的浪潮席卷。一向温驯老实的公牛突然撒起野来；羊群撞破了篱笆，把苜蓿草啃食得一片狼藉；奶牛踢翻了奶桶；猎马拒绝跃过围栏，还把马背上的人掀飞过去。最不可思议的是，《英格兰野兽》的曲调乃至歌词，以令人吃惊的速度传播着。人们听到这支歌，尽管表面上佯装嗤之以鼻，嘲讽它滑稽可笑，其实一听见便已经怒不可遏。他们简直搞不懂怎么动物们也会唱起这样下流的垃圾调子。哼唱这首歌曲而被逮住的动物，立刻就要遭受鞭笞。但即便如此，歌声还是镇压不住：乌鸦在树篱上吹着这个调子的小哨，鸽子在榆树枝上咕咕哼唱它，歌声甚至渗入了铁匠铺的敲打声、融进了教堂的敲钟声。它仿佛预示着人类未来难逃的厄运，因此人们一听见这调子就暗暗发抖。

十月初，谷物都已收割，码好了垛，部分已经脱了粒。这时一群鸽子很快地飞过空中，盘旋着落到农场的院子里，神色非常紧张。原来是琼斯带着手下的雇工，连同福克斯伍德和平彻菲尔德农场的六名人手，已经进了带五道闩的大门，正沿着马车道朝农场这边走来。最前面带队的琼斯先生手中拿着一支枪，其余的人则个个都拿着棍棒。显而易见，这些人是来收复农场的。

动物们早就料到了这件事，所有的安排都准备就绪。雪球研究过从农场住宅里找到的一本有关恺撒大帝历次战役的旧书，由他负责这次防卫战的指挥。他立即下达了战斗命令，几分钟内，每个动物就已守在自己的战斗岗位上。

当来犯的人群逼近农场时，雪球发出了第一次攻击令。多达三十五只的鸽子齐齐出动，盘旋在人们的头顶上空，冲他们好一阵劈头盖脸地拉屎。趁这伙人忙着应付鸽子时，藏在树篱后的一群鹅冲了出来，凶狠地钳拧他们的腿肚子。但这还只是雪球计划中一场小小的接触战，旨在给进攻者造成混乱。人们挥舞着棍棒没太费力地就把鹅赶跑了。雪球这时开始发动第二轮的攻击。穆里尔、本杰明加上所有的绵羊，由雪球带头向前冲过去，从各个方向对来犯者连顶带撞，本杰明还转过身子对着人尥蹶子。但他们还是抵不过人们的棍棒和带钉的靴子。雪球突然尖叫了一声，这是撤退的信号，所有动物当即掉头从门口退回院子。

人们发出一阵胜利的欢呼。正如动物们所想象的那样，这些人看到他们已经溃逃，于是不加部署就无序地贸然追击。这恰恰是雪球计划好的。一等他们完全走进院子，早就在牛棚里埋伏好的三匹马、三头牛和另外几头猪就突然出现在他们身后，切断了他们的退路。雪球这时发出进攻信号，自己径直扑向了琼斯。琼斯眼见雪球冲过来，当即举枪射击；铅弹只在雪球的背上划出几道血印，一只羊却中弹死掉了。雪球刹那也没有犹豫，用两百多磅重的身体朝着琼斯的腿狠命撞过去。琼斯一下子被抛进粪堆，猎枪也从手里飞了出去。但是最惊心动魄的情状要数拳击手那里了。他全凭两条后腿着地，竟站立起来，像匹大种马似的用那两只钉着铁掌的前蹄朝人狂踢。第一下就踢在从福克斯伍德来的一个马童脑袋上，马童顿时挺倒在地上一动不动了。看到这个景象，几个人扔掉棍子就想逃走。他们被吓得魂飞魄散，在动物们的冲击中绕着院子慌张奔逃。所有人都遭受了踢踹、抵撞、啃咬和踩踏。总之农场的动物都在用各自的方式向人类报仇。甚至猫也突然纵身跳下屋顶，落到一个放牛人的肩上，将爪子狠掐进他的脖子，疼得他没命似的惨叫。这些人趁着门口一时间没有动物阻挡的时机，立刻逃出了院子，朝着大路的方向狼狈地狂奔。就这样，这次入侵没出五分钟，他们就已经原路折返，灰溜溜地败走了。一群鹅还在后面紧追不舍，一边发出嘘声一边啄咬他们的小腿。

所有人都已经跑了，除了一个人以外。拳击手回到院子，用蹄子拨弄正脸朝下趴在地上的马童，试图给他翻过来。这个家伙没有丝毫反应。

“他死了，”拳击手难过地说，“我不是有意这样做的。我忘记我钉着马蹄铁了。但谁又会相信我不是出于故意呢？”

“不要伤感了，同志！”几处伤口还在淌血的雪球说，“战争就是战争。唯一的好人只有死人。”

“我没有意愿去伤害性命，即使对着人也是。”拳击手反复说道，双眼噙着泪水。

“茉莉去哪儿了？”不知是谁在惊呼。

茉莉真的不见了。一时间动物们陷入了巨大的恐慌。他们担忧人们用什么手段伤害她，甚至把她掳走了。最后发现她不过是躲在了马厩里，脑袋埋进了马槽的草料中。枪声刚一响她就已经逃跑了。等他们找到茉莉回到院子时，发现马童已经醒过来溜掉了，原来之前他只是昏了过去。

动物们又重新聚集，兴奋狂喜得无以复加；每个动物都扯开嗓门儿飙到了声音的极限，描述自己刚才的英勇事迹。一场庆功大会立时举行。旗子升起来，《英格兰野兽》一连唱了好几遍，又为牺牲的那只绵羊举办了庄严隆重的葬礼，还在她的墓上栽植了一棵山楂树。雪球在墓前发表了简短的讲话，强调全体动物都应该做好在必要的时候为动物农场牺牲的准备。

动物们一致决定创设军功勋章。“一级动物英雄”勋章当场颁发给雪球和拳击手。这是枚铜质奖章（他们在挽具室找到了几块旧的铜质的马饰），可在星期日和节日里佩戴。另外还有“二级动物英雄”勋章，追授给了那只牺牲的绵羊。

关于如何命名这场战斗，动物们众说纷纭。最后它被命名为“牛棚战役”，因为局势的反转源自牛棚的伏击战。琼斯先生的猎枪被发现掉在泥泞里，不少子弹也被发现藏在农场住宅。动物们于是决定把这支枪架在旗杆脚下，作为礼炮使用，一年鸣放两次，一次在十月十二日的“牛棚战役”纪念日，一次在施洗约翰节——动物造反纪念日。

第五章 清洁

欲望比野兽更凶猛

在冬天快来的时候，茉莉也变得更加难以管理了。每天早上的工作她总要迟到，开脱的借口无非是说自己睡过了头；抱怨的病痛都十分蹊跷，症状稀奇古怪又说不清什么缘由，何况她的胃口出奇的好。她寻找各种借口逃避工作，然后跑去饮水池边呆站着，痴痴地凝视水中自己的倒影。另外有些传言涉及某些性质更严重的事情。有一天，茉莉卖弄地甩动着尾巴，嘴巴里嚼着一根干草，悠闲愉快地走进院子里时，苜蓿把她叫到一边。

“茉莉，”苜蓿说，“有件正经事我需要跟你谈谈。今早，我看到你站在隔开咱们农场同福克斯伍德农场的树篱旁边，朝另一头望着。一名皮尔金顿先生的雇工就站在树篱的另一边。尽管我离得有一段相当的距离，但我肯定我看见了那个人在同你说话，你还放任他摸你的鼻子。这是怎么回事，茉莉？”

“他没有！我也没有！你说的不是真的！”茉莉大声嚷嚷，用后腿支撑着，前蹄不时刨两下地，简直要腾跃起来。

“茉莉！看着我的眼睛。你能用你的名誉担保那人没有抚摩你的鼻子吗？”

“你说的不是真的！”茉莉重复着，却并不敢面对面直视苜蓿。然后，她撒开蹄子，飞奔向田野。

苜蓿心中闪过一个念头。她没对任何人说，径自走进茉莉的马厩，用蹄子把稻草都翻过来。藏在草下面的是一小堆方糖和几束各种颜色的缎带。

三天之后茉莉失踪了。接连几个星期，没有谁知道她的下落。后来是鸽子来汇报情况，说他们在威灵顿镇的另一头看到了她。她套着一辆时髦的漆成红黑两色的轻便双轮马车，停在一家酒吧前边。一个穿方格马裤、裹着绑腿的红脸汉子——看上去像是酒吧老板，边抚摩她的鼻子边喂给她糖块。她的鬃毛也重新修剪了，额上系着一条鲜红的缎带。她看上去非常得意——鸽子这样说。打这以后，没有动物再提起茉莉。

一月份的天气极度恶劣。土地冻得像块铁板，田里的什么工作都没办法做。大谷仓里开了好多次会，猪正忙着安排下个季度的工作。动物们都逐渐认同：猪比其他的动物更聪明，农场的所有政策和规划都应该由他们制定，尽管他们的策划方案还是必须要由压倒性多数的支持来批准。这种安排原本可以进行得更加顺利，如果不是雪球和拿破仑之间总是存在争执不下的情况的话。任何一个问题，只要还有第二种可能的方案，他们俩必定是要产生分歧继而争执的。如果他们中的一个提议播种更多的大麦，另一个则必定要求增大燕麦的播种面积。如果一个说某一块地适宜种卷心菜，另一个则会坚称这一块地除了种根菜以外毫无作用。他们各有追随者，于是双方有过几回唇枪舌剑的争论。在大会上，雪球往往凭借精彩的演讲，赢得多数人的支持；拿破仑则善于在两次大会之间的日常生活中进行游说，拉票争取支持——绵羊几乎已经要被拉拢过去了。近些日子，绵羊常常不分时间、场合地大唱“四条腿好，两条腿坏”，咩咩叫着搅乱集会。有动物注意到，一般越是在雪球发言的最关键的时刻，绵羊就尤其喜欢咩咩高唱“四条腿好，两条腿坏”。雪球近来仔细地研究了一番之前从农场住宅找到的几本过期的《农场主与畜牧场主》杂志，脑袋里装满了革新和改进农场的设想。他谈论起农田排水、青储饲料和碱性炉渣等问题都头头是道，还设计出一套复杂的系统，可以直接让动物们每天在不同的地点的粪便都排入农田，以节省输送的劳动力。拿破仑自己从没设计过什么方案，却在一旁阴沉地评价雪球的计划不过是虚无的幻想，是行不通的，看起来似乎在等待一个什么时机。而在他们的所有争执中，没有哪一次是比与风车相关的这次更厉害的。

在距农场棚舍不远的狭长的牧场上，有个农场最高地的小山丘。勘察过地势之后，雪球认定那里正好是适合建造风车的地方，可以用来带动发电机，为整个农场供电。有了电力，就能为棚舍提供照明和在冬季供暖，此外还可以带动起一台圆锯、一台铡草机、一台甜菜切片机和一台电动挤奶机。动物们从来没听说过这些东西（因为这是一座老式的农场，只有些最原始的机械）。所以当雪球生动地向他们描绘使用机器的那些奇妙图景时——机器会替代他们干活，大家可以悠闲地在地里吃草，通过阅读和交流助益心智——动物们都惊呆了。

没过几个星期，雪球就拿出了一个完全的风车设计方案。关于机械的详细资料大多来自琼斯先生的《实用家居可以做的一千件有益的事》《每个人都可以做泥瓦工》和《电工入门》三本书。雪球把过去放孵化器的一间棚屋作为了自己的工作室，那儿的地板十分光滑，他就在那上面绘图。他把自己关在这里，一待就是几个小时。他把打开的书用石头压住，用前蹄的两趾夹着一截粉笔，在地上走来走去，一道一道地画着图，还伴着兴奋短促的哼唧声。他绘制的图逐渐变成了有曲柄和齿轮的复杂设计稿，几乎覆盖了大半间屋子的地板。这些对其他的动物实在太艰涩了，但看起来的确很了不起。所有的动物每天至少一次地来观看。甚至鸡和鸭子也都来了，而且为了不踩坏粉笔印，走路都格外小心谨慎。只有拿破仑对此不屑一顾。从一开始他就表明反对搞风车。但有一天出乎意料地，他也跑去查看设计图了。他在屋子沉重地踱着圈子，仔细看了图上的每处细节，使劲嗅了嗅，发出哼哧的声音，在那里站了片刻，斜着眼睛打量它们。然后突然地，他抬起了一条后腿，朝那些图撒了一泡尿，一句话也没说，扬长而去。

因为风车的事，农场完全分裂成了对立的两派。雪球并不否认建造风车是一项艰巨的工程。必须开采石头，砌墙，还需要给风车做叶片，另外还需要发电机和电缆（怎样去弄到这些东西，雪球并没有说）。但是他坚持这项工程能在一年内完成。其后，他宣布，风车竣工后，动物们能节省下更多的劳动力，每周只需要工作三天。另一方面，拿破仑则争辩道，当前农场工作的重中之重是增加粮食生产；如果他们在风车上浪费了时间，那么他们全都会死于饥饿。动物在“拥护雪球和一周三天工作制”和“拥护拿破仑和食物满槽制”两个不同的口号下分成两派。本杰明是唯一一个不归属于两个派别任何一边的动物。他既不相信食物以后会更充足，也不相信风车能够减轻劳动。他认为，有没有风车都无所谓，日子还是会像从前一样过下去，也就是说一样的糟糕。

除了关于风车的争执外，还有关于农场防御的问题。所有动物都清楚地知道，尽管人们在牛棚战役中吃了败仗，但他们很有可能会再发动更加凶狠的进攻，以图夺回农场并帮助琼斯先生复辟。他们在和动物农场的交锋中吃了败仗的消息已经在英格兰的乡村中传开，邻近农场的动物们也都因此开始前所未有的骚动，所以人们比以前有了更充足的夺回这里的理由。像往常一样，雪球同拿破仑又发生了争执。根据拿破仑的看法，动物当前的首要任务是想方设法搞到武器，并训练使用它们。而雪球则认为，他们必须派遣更多的鸽子，到其他农场的动物中间去鼓动反叛。前者争论说，如果动物不能自卫，就只能在战争中束手待毙。雪球则坚持，如果四处都滋生了反叛，这里也就不存在自我防御的必要了。动物一会儿听拿破仑讲他的道理，一会儿又听雪球述说他的主张，没办法判断谁是谁非。他们总是觉得正在听的那一方说的是正确的。

终于到了雪球设计的风车蓝图完成的那天。在第二天的星期日大会上，动物们就要就是否建造风车的事进行表决。动物们照惯例在大谷仓里集会。雪球站起来，尽管他的话不时被绵羊的咩咩声打断，但他还是清楚地述说了主张修建风车的一条条理由。接着拿破仑站起来反驳。他隐晦地表达关于风车的计划纯粹是一场荒唐的闹剧，劝告大家都不要支持这项议案；话一说完，就又坐回去了。他的发言不过三十秒钟，似乎对他的演说会产生的效果漠不关心。雪球随即又跳了出来，他首先喝住又咩咩开叫的绵羊，继而发表了一番慷慨激昂的讲话，呼吁在场的动物们支持风车的建造。本来支持与反对的动物大致旗鼓相当，但是在这一刻雪球雄辩的口才征服了他们。雪球绘声绘色地为他们描绘了——当动物们卸去了永无休止的苦役的枷锁时——动物农场未来的景况。他的想象力已经远超出铡草机和胡萝卜切片机的那种范畴了。他说，电力除了可以带动脱粒机、犁、耙、碾子、收割机和捆草机外，还可以为每间棚舍供给照明、提供冷热水、带动电热器。到雪球结束他的发言的时候，动物们会做出什么选择已经没有悬念了。但就在此刻，拿破仑站起身来，用一种极其古怪的目光斜瞥了雪球一眼，突然，提高嗓音发出一声嚎叫——此前还从来没有谁听见过他发出这样凌厉尖锐的声音。

顿时从外面传来了一阵让人不寒而栗的狗吠声。九条戴着铜钉项圈的高壮的大狗一下子冲了进来，径直朝雪球扑过去。在几条大狗的利齿袭近的刹那，雪球一跳堪堪避过。眨眼雪球就逃出了屋外，那些狗紧追不舍。动物们惊惧不已，一句话也说不出，都挤到门外看这场追逐。雪球在通向大路的那块长条形的牧场上狂奔。他拼命用猪的最快速度奔跑着，可是狗依旧紧追在后面。突然，雪球滑了一跤，眼看这下子是逃不掉了，但雪球飞快地又爬起来了，跑得还更快。那些狗越追越近，其中一条几乎就要咬住雪球的尾巴，幸而雪球及时甩开才没被咬住。雪球使出吃奶的力气最后加速，不过和后面的狗一步之差，侥幸从树篱的一个缺口逃出了农场，转眼就不见身影了。

动物们都惊魂未定，沉默着走回谷仓。一会儿，几条狗也大声吠着跑了回来。起初，动物们都想不出这些家伙是从哪儿冒出来的，但是这个问题很快就有了答案：他们正是当初拿破仑从母狗怀里带走说要独自教育的那些狗崽。尽管现在他们还仍处于成长期，但个头都很大了，凶恶得像狼一样。他们紧密地守在拿破仑身边。有动物注意到，他们朝着拿破仑摇尾巴的方式，像别的狗过去对着琼斯先生做的一样。

现在，拿破仑在这几条狗的拥随下，登上了过去老少校站在那里发表演讲的那个凸台。他宣布从今往后，星期日上午的大集会不再举行。这种大会完全没有必要，他说，纯粹是浪费时间。今后有关农场运作的所有问题都将由一个猪组成的特别委员会决策，这个委员会将由他亲自统管。不需要公开举行，所有的决议都将在会后向大家传达。动物们星期日上午仍要集会，向旗帜致敬，唱《英格兰野兽》，接受下达的下周的分配工作，但不需要发表什么讨论。

尽管刚刚雪球遭到驱逐的一幕使动物们遭受了震骇，但他们仍对这个新决定感到愕然。有几个动物原本想提出抗议，可惜他们找不到合适的言辞来表达。就连拳击手也依稀觉得不安，他抿起耳朵，抖了抖额头的鬃毛，尽力想理清思路，但结果还是不能想出要说什么。他们自己中的几头猪倒很有些表达能力。坐在前排的四头小肥猪尖叫着不以为然，他们跳起来准备发言。但是突然间，坐在拿破仑周围的狗发出阴沉而凶险的叫声；四头小猪顿时不再出声，又坐了回去。这时绵羊又趁势咩咩起“四条腿好，两条腿坏”的大合唱，持续了将近一刻钟，任何试图继续讨论的尝试都成了无用功。

事后，喉舌被派遣巡视农场各处，就新安排向动物们做解释。

“同志们，”喉舌说，“拿破仑同志主动担负了这额外的重要责任，我相信在这儿的大家都会为他这样的自我牺牲心存感激的。同志们，你们不要认为当领导是一种享乐！刚好相反，这是一项艰难而沉重的职责。拿破仑同志比我们任何一个都更坚定地相信所有动物一律平等。他是非常乐于让你们自己决定自己的事的。但是，同志们，如果有时你们的决定失误了，我们会怎么样呢？试想如果你们刚才相信了雪球关于风车的胡言乱语，决定跟随他……就我们现在所知，雪球这家伙不比罪犯好多少。”

“雪球在牛棚战役中作战非常勇敢。”有动物说。

“勇敢是不够的，”喉舌说，“更重要的是忠诚与服从。谈到牛棚战役，我相信总有一天，我们会发现雪球在其中的作用被过分夸大了。纪律，同志们，铁的纪律！我们今天的口号只有这个。只要走错一步，我们的敌人就会趁机卷土重来，复辟他们的统治。同志们，你们总不希望琼斯再回来吧？”

这自然是个无须争辩的道理，喉舌又一次提到了它。动物们当然都不希望琼斯回来。如果星期日上午的辩论有招致琼斯回来的危险，那就不该再存在这种辩论。拳击手这时已经有时间把一件件事情琢磨一遍，说出一句话来表达自己的全部感受，他说：“既然拿破仑同志这么说，那就一定没错。”从此，除了“我要更努力工作”这句经常挂在嘴边的话外，“拿破仑永远是正确的”又增添为了另一句座右铭。

这时候寒冷已经过去，春耕要开始了。雪球之前用来画风车蓝图的那间棚屋已经封上了，动物们想象地板上的设计图早已经被擦掉。每个星期日上午十点钟，动物们都聚集在大谷仓，接受下一周的工作任务。老少校那颗肌肉已经被销蚀干净的头颅，被从苹果园地下挖了出来，安置在旗杆下的一块木墩上，就在那支猎枪旁边。升旗以后，动物们必须整齐地排成单行，恭敬虔诚地经过头骨前，然后走进大谷仓。现在他们已经不再像过去那样不分彼此地坐在一起了。拿破仑、喉舌同另一头名叫小不点的猪——他在谱曲、写诗上有着非凡的天赋——坐在谷仓凸台的前边，九条半大的狗围坐在他们周边形成一个半圆，另外的猪都坐在凸台的后边。别的动物都面对着他们坐在大谷仓中间的地上。拿破仑声音粗哑地宣读下周的安排，很有军队大兵的气质做派。最后，大家唱过一遍《英格兰野兽》后，就各自散去了。

在雪球被驱逐后的第三个星期日，动物们颇感吃惊地听到拿破仑宣布：风车终究还是要建造的。至于为什么改变了主意，拿破仑并没有给出任何理由。他只告诫大家，这一额外的任务意味着极其艰苦的劳动，甚至如果有必要，可能要削减他们的口粮。但是所有的筹备工作，都已筹划好，并且落实到了每处细节。由猪组成的一个特别委员会在之前的三周里一直为此工作着。建造风车，连同各种各样的改进项目，初步预期需要两年的时间。

到了晚上喉舌私下里对别的动物解释，实际上拿破仑从来都不反对建造风车。相反，最初主张建造风车的正是拿破仑。雪球在孵化室地板画的设计图，其实是窃取自拿破仑的笔记。事实上，风车的创意是属于拿破仑的。有的动物问道，既然如此，为什么那时他那么强烈地反对风车？喉舌的样子看起来十分狡黠，他说这正是拿破仑同志高明的地方。最初他表现得反对风车，仅仅是作为驱逐雪球——这个有着负面影响力的危险罪犯——的一种手段。现在雪球已经被驱逐，修建风车的计划就能排除他的干扰顺利地进行了。喉舌点拨大家，这种做法就是名为“策略”的东西。他重复数次这个词：“策略，同志们，策略！”边甩动着尾巴跳来跳去，边发出开心得意的笑声。动物们并没有确切理解“策略”这个词的含义，但既然喉舌讲得这么有说服力，碰巧又有三条狗待在他旁边凶狠地吠着，他们也就没有进一步深究，接受了他的解释。

第六章 理想

想要人类的文明为己所用

这一整年，动物们自始至终像奴隶般地劳役着。但他们仍旧愉快地工作，丝毫不吝惜力气和牺牲。他们非常明白，他们现在做的一切工作都是为了他们自己的利益，同时也是为了同类和后代子孙的福祉，而绝不是为了那帮不事劳动、四体不勤、惯于窃取和享乐的人类。

在这个春天和夏天，他们始终每周工作六十个小时。到了八月，拿破仑宣布以后星期日下午也要像平常一样安排工作。周日的加班完全属于自愿，但是任何缺席了的动物都得减掉一半的口粮。即便如此，动物们发现还是必然会剩下很多确定不能完成的工作。这回的收成不如先前那年一般大丰收，而且有两块原本应该在夏初种上根菜植物的田地，因为之前的翻耕没能及时完成而耽误了播种。能够预见的是，随后到来的冬季将会异常的艰苦。

风车工程中出现了种种预料之外的困难。农场中有一处优质的石灰石矿，动物们又在一间外屋里找到了不少沙子和水泥，因此建筑要用到的所有材料似乎已经是唾手可得的了。然而动物们无法解决的最初的问题是：怎样把石灰石砸碎成合乎规格的碎块。除了使用镐和撬棍以外，似乎没有其他做这项工作的方式。可是这些工具都是不能用后腿站立的动物们无法使用的。徒劳做了几周无用功的尝试之后，才有动物转换脑筋，想出了正确的办法——那就是利用重力。矿床里到处横卧着因为体积巨大而无法直接利用的圆石头。现在动物们把绳子绑在这些石头上，然后所有能拽住绳子的动物，牛、马、羊，甚至连猪有时也会在关键时刻来帮把手，大家一起拖拽着，沿着斜坡缓慢地把石头运到石矿的最高处。他们会在边缘处把石头推下去摔成碎块。一旦被摔碎，石料的运送就相对简单了。马一车一车地拉走，羊一块一块地拖拽，就连山羊穆里尔和驴子本杰明也套上一辆旧式的双轮轻便小车，分担了他们能力内的工作。到夏天快结束的时候，他们已经积累起充足的石块，之后由猪监督着，正式开始了建造风车。

但这个过程十分缓慢而艰苦。把一块大石头拖到矿顶，往往需要动物们一整天精疲力竭的劳动。有时候明明从矿顶边缘把石头推下去了，石头却毫无裂痕，完好如初。假如没有拳击手——他的力气几乎赶得上其他全部动物相加的总和，也许还更胜过一些——动物们恐怕很难做成什么。碰上石头有下滑的趋势，动物们处在被倒拽着向下坠的危险境况，惊恐慌乱、拼命喊叫的时候，总是拳击手卖力地向上拽紧绳子才止住了石头的下滑。看到拳击手一寸一寸地奋力往上爬，呼吸越来越粗重、急促，他的蹄尖用力抓住地面，硕大的躯体被汗水完全浸透，动物们无不满怀钦佩。有时苜蓿会提醒他注意健康，不要过度透支自己的身体，但是拳击手从来都不把她的劝告当一回事。那两句座右铭，“我要更努力工作”和“拿破仑永远是正确的”，对他来说似乎是足以应对一切难题的答案。他同小公鸡做下约定：每天早上，从过去的提前半小时，改为提前三刻钟就把他叫醒。并且趁着空闲时间——尽管现在并没有多少这样的时间，他还要独自去矿场，在没有别的动物帮忙的情况下，集起一车石头，再拉到建风车的地点。

整个夏天，尽管工作十分艰苦繁重，动物们的生活并不算糟糕。比起琼斯时代，他们虽然没有得到更多的食物，至少也没变得更少。现在他们唯一要喂养的只有他们自己，再也不必供养五个穷奢极欲的人类——这一点益处的优越性是那么明显，甚至足以抵偿工作上的诸多挫折。在很多方面，动物的工作方式效率更高，而且节省劳动。例如清除杂草的工作，他们能做到的干净彻底的程度，人是完全做不到的。再者，既然动物现在都不偷窃了，也就完全没有必要用篱笆隔开牧场与耕地，这就节省了整修树篱和栅栏门要耗费的大量劳动。然而尽管这样，随着夏天逐渐过去，各种各样没有预料到的短缺都开始显露出来。必需的煤油、钉子、绳子、狗要吃的饼干以及马蹄铁等，都是农场不能自己生产的。再往后还需要种子和化肥，还有各类工具，以及建造风车要用到的机械设备。怎样才能搞到这些东西，就没有一个动物想象得出了。

一个星期日的上午，当动物们集合领任务时，拿破仑宣布，他决定实行一项新政策。那就是从今天开始，动物农场将同邻近的农场建立贸易关系，开展贸易活动——这样做当然不是出于任何商业的、盈利的目的，仅仅是为了得到某些急需的必要物资。获取建造风车的物资是压倒其他一切事情的首要任务，拿破仑说，因此他正打算出售一垛干草和当年的部分小麦；再往后如果还需要更多的钱，就必须要靠出售鸡蛋来补足资金缺口了，毕竟鸡蛋在威灵顿是不用担心没有市场的。拿破仑说，母鸡们应该会愉快地接受这个牺牲才是，这可是她们对风车的建造做出特别贡献的机会。

动物们又一次为之愕然。永远不准同人类打交道，永远不准开展贸易，永远不准使用金钱——这些不是在驱逐琼斯后举行的第一次庆功大会中最早通过的几项决议吗？所有动物都还清清楚楚地记得那些决议，至少他们自以为是有这回事的记忆的。那四头曾在拿破仑废止动物大会时表示抗议的小猪，怯生生地，似乎又想要发言，但是几条狗发出的阴沉慑人的叫声即刻让他们噤声了。这时绵羊又如同往常一样开始大唱“四条腿好，两条腿坏”，那一瞬间的尴尬被勉强遮掩过去。最后拿破仑抬起他的前蹄，示意现场安静。并且宣布他已经安排好了所有相关事务，任何动物都不需要勉强自己同最厌恶的人类打交道，因为他打算用自己的肩膀扛起这整个重担。威灵顿的一位温珀律师已经同意，担任动物农场与外部世界交流的中间人，而且会在每个星期一的上午到农场来接受委派。拿破仑像往常一样以“动物农场万岁”的喊声结束了发言。动物们在齐唱《英格兰野兽》后解散。

事后喉舌绕着农场走了一圈，设法平复动物们骚动的态势。他向动物们保证，过去从未通过禁止开展贸易和使用金钱的决议，甚至没有过这样的提案。这纯粹是大家的臆想。如果挖掘一下根源，很有可能最初是由雪球散布下的谣言。对此一些动物仍然没有打消怀疑，于是喉舌狡黠地向他们发问：“你们能确定这不是你们把梦混淆成了现实吧？同志们？你们有任何这项决议的文字记录吗？随便什么地方都可以——它有写在上面吗？”既然的确没有哪里存在着这种记载，动物们也就以为是自己的记忆发生了偏差。

按照之前的约定，温珀先生每星期一来农场一次。他个子矮小，容貌生得狡黠，蓄着络腮胡子，虽然还只是个初级律师，经办的也还是些小规模的业务，但足够精明，比旁人更早地看出动物农场会需要一名经纪人，而得到的佣金也会很可观。动物们惊恐地看着他在农场里进进出出、走来走去，都尽可能地避免与他接触。不过当他们看到用四条腿走路的拿破仑竟然可以向用两条腿站立的温珀发号施令，一种自豪感不可抑制地迸发出来，这一定程度上淡化了他们对这项措施的抵触情绪。现在动物同人类的关系已经同过去大不相同。人们对动物农场的憎恶不会因为它的兴盛而减少，实际上正因为如此人们比过去更加仇视它。每个人都笃定着这样一条信念，那就是动物农场迟早会破产——这是必然的，特别是建造风车这事——注定会失败。人们聚在酒吧，经常通过画图表相互论证，风车肯定难逃坍塌的厄运，或是，即使建成也永远不能运转。

虽然如此，对于动物管理自身事务的高效，他们不禁萌生了某种敬意。有一个这方面的迹象是，当他们谈到农场时，他们不再强调似的故意称其为“曼诺农场”，而是开始使用它正式的名称——“动物农场”。并且他们还抛弃了拥护琼斯夺权的立场，琼斯也不再抱有夺回农场的愿景，移居到了本郡另外一处地区。除了通过经纪人温珀，动物农场还没有其他同外界的接触，但不断有传闻说，拿破仑正准备同福克斯伍德农场的皮尔金顿先生，或者是平彻菲尔德农场的弗里德利克先生签订某项具体的生意合同，并且也有人注意到，这项商业协定绝对不会和这两个人同时签订。

大约在这个时候，猪突然都搬进农场住宅，在那里住了下来。动物们又一次记起：早先似乎曾经通过了一项决议，是绝对禁止这种行为的。而喉舌又一次教大家认识到：这并不是事情的重点。喉舌说，猪作为农场的首脑，有一个安静的地方工作，这是绝对必要的。何况住在房屋里比住在区区猪圈更符合一名领袖（近来喉舌提到拿破仑惯于使用“领袖”这一称谓）尊贵的身份。然而一些动物听说了猪的某些举动——不仅在厨房里用餐，而且把客厅作为娱乐室使用，甚至在床上睡觉——还是感到十分惊愕。拳击手像往常一样不以为意，嘟囔着“拿破仑永远正确”。但苜蓿认为她确实记得有一项禁止在床上睡觉的规定。她来到谷仓的端墙前，试图从题写在那里的七条戒律的原文中查找答案，结果发现自己能读出的仅仅是单独的字母，于是她找来了山羊穆里尔。

“穆里尔，”她说，“帮我读一下第四条戒律，它是不是说不许在床上睡觉？”

穆里尔艰难地拼读出来。

“那上边说：所有动物都不许在床上睡觉——有被单的那种。”穆里尔终于念出来。

这相当奇怪，苜蓿并不记得第四条戒律有提过被单。但既然墙上是这样写的，那一定原本就是如此。正好这时喉舌在两三条狗的陪同下从这里经过，他总是能把问题用最正确、最合适的角度述说清楚。

“同志们，”他说，“你们应该已经听说了我们猪现在睡在住宅的床上这码事了吧？我们为什么不在床上睡？你们总不会以为有什么律条是禁止睡在床上的吧？所谓床，只不过是一个睡觉的地方。从这个角度，棚舍里的干草堆也理应被视为床喽！戒律禁止的是使用被单，因为被单是人类的发明。而我们已经把住宅床上的被单全部撤换成了毛毯。这样的床也还是很舒服的。但是同志们，我可以这么对你们说，这种程度的舒服还不足以满足我们猪的需求——想想现在农场有多少脑力工作都需要我们去做。同志们，你们肯定不想我们无法好好休息吧？难道你们愿意我们因为过度疲劳而无法好好恪尽职责吗？难道你们有谁会希望琼斯卷土重来吗？”

动物们立即就这一点表态，说绝不希望这样的事发生。从此，对猪在住宅的床上睡觉一事再也没有谁说什么了。几天以后，当“今后猪每天早晨起床要比其他动物晚一个小时”的通知下达时，也没有谁抱怨不公。

等到秋天的时候，动物们都已经很疲劳了，但心情却还不错。他们已经辛苦了整整一年，而且在卖掉了一部分草料和谷物以后，过冬的粮储就有了缺口，但已经建成一半的风车足以补偿每件事。秋收结束后，天气持续晴朗干燥着，动物们甚至比以前更卖力地工作。他们终日拖着大石头忙碌，心里想的是疲于奔波也都是值得的。因为这样子一天下来，风车的围墙就能再增高一英尺。拳击手甚至连夜间也要出来，借着秋收后满月的月光，自己工作一两个小时。动物们常常趁着难得的休息时间，绕着建成一半的工程走来走去，对那墙壁的坚固和笔直赞赏非凡，同时惊喜于他们自己竟有能力建造出这样雄伟壮丽的工程。只有本杰明对风车仍旧是可有可无的冷淡，除了像往常一样说些“驴子能活得很长久”

这类隐晦的话以外，再不多做评论。

十一月到了，西南风呼啸着。工程不得不暂时中断，因为太过潮湿而没办法搅拌水泥。终于在一天晚上，刮起了狂风，整个农场的所有棚舍都在地基上晃动，大谷仓顶棚被刮掉了好些瓦片。母鸡们咯咯乱叫着惊醒，都非常害怕，因为她们一致梦到从远处响起了枪声。第二天清晨，动物们各自从棚舍里走出来，发现旗杆已经被狂风刮倒，果园一角的一棵榆树也像根萝卜似的被连根拔起。突然间，每个动物都从喉咙里发出了绝望的哀号。一幅更加恐怖的景象映入他们眼中——风车坍塌了，现在那里只有废墟。

动物们不约而同地冲向现场。平时一向信步款款的拿破仑，一反常态地冲到了最前头。是的，所有动物一直以来艰苦奋斗的全部成果现在变成了一片废墟。他们辛苦弄碎又运送过来的石块散落了一地。动物们悲痛地望着那堆散乱的石块，仿佛被夺走了声音。拿破仑一言不发地来回踱步，不时嗅一下地面。他的尾巴逐渐变得僵直，一下下抽搐似的、急剧地两边甩动。这正是他在高度紧张地思维活动时的表现。突然间，他停下不动了，好像已经有了一番确切的计较。

“同志们，”他冷静地说，“你们知道这是谁犯下的罪行吗？你们知道是谁趁夜偷偷溜进来破坏了我们的风车吗？雪球！”拿破仑突然发出轰雷般的怒吼，“这都是雪球干的！这个叛徒出于纯粹的恶意，妄想阻挠我们的计划，为他不光彩地被驱逐之事复仇，就趁着黑夜偷摸潜入，把我们近一年的工作成果毁于一旦。同志们，我于此时此刻当场判处雪球死刑。不论是谁，只要能叫雪球受到法律的制裁，他就将被授予‘二级动物英雄’勋章，外加半蒲式耳苹果的奖励。如果有谁能活捉到雪球，就可以获得一蒲式耳苹果的奖励！”

动物们得知竟然是雪球犯下了这样的罪行，都十分震惊，甚至发出愤怒的吼叫。所有动物都开始考虑如果雪球再度潜入，该怎样逮住他。

几乎就在同一时间，有动物在离小山丘不远的草地上发现了一头猪的足迹。他们循着那些蹄印只能追踪出几码远，但看来是朝着树篱缺口的那个方向。拿破仑深深地嗅了嗅这些蹄印，宣称这正是属于雪球的。按照他的观点，雪球很可能来自福克斯伍德农场的方向。

“不能再耽搁了，同志们，”拿破仑检查完蹄印后喊道，“还有工作等待我们去做！从这个早上开始，我们要重建风车，用整个冬天风雨无阻地把它建成！我们要叫那个可耻的叛徒受到教训，让他知道试图阻挠我们的工作完全是枉费心机。同志们，大家记住，我们的计划绝对不会发生变更，反而要在预定期限内一丝不苟地完成。前进，同志们！风车万岁！动物农场万岁！”

第七章 困局

饥寒时被告知，伙伴在对立面

这是一个寒冷的冬季。暴风雨的天气刚刚过去，就转为了雨雪交加，这样的酷寒连土地都冻住了，直到二月才缓和下来。动物们都竭尽全力地进行风车的重建。他们都清楚地知道，外界在注视着他们所有的举动，如果风车不能在预定的时间建成，羞恼嫉妒的人们肯定得意坏了。

出于嫉恨的心理，人们故意表示不相信是雪球做手脚毁了风车。他们都说，风车会倒塌单纯是因为墙座砌得太薄。动物们知道问题并不在于这里。不过他们还是决定，这次代替原来十八英寸[1]的新墙要加厚砌成三英尺，而这就意味着必须要收集更大量的石头。但很长一段时间里，石矿堆满了积雪，什么工作都无法进行。在随后寒冷干燥的日子里，一些工作才略有进展，但在这样的环境下这是非常劳苦而残酷的作业。动物们已经不再像过去那样充满希望和信心。动物们总是感觉很冷，又时常感到饥饿。只有拳击手和苜蓿从不觉得气馁。喉舌不时地给大家做些精彩的演说，讴歌诸如奉献的幸福和劳动的神圣之类的，但是更能鼓舞动物们的却是拳击手的兢兢业业和他总是挂在嘴边的“我要更努力工作”的座右铭。

---

[1] 英美制长度单位，1 英寸等于 1 英尺的 1/12。

到了一月，食物开始短缺了。动物们的谷物配给量急剧缩减。上面宣布，将额外配发马铃薯来补足口粮的缺口。可很快发现，窖藏的马铃薯收成大部分因为覆盖的厚度不够，已经受冻腐坏了，还能食用的为数不多。好一阵子，动物们只有一连几天吃谷糠和甜菜充饥这唯一的选项。他们即将面临饥荒的威胁。

确保这个事实不向外界泄露是绝对必要的。风车倒塌使人们长了威风，又变得强势起来。他们正在炮制种种动物农场的新谣言。外面四处流传着——动物们正在饥饿和疾病的境况中濒临死亡，他们彼此争斗残杀，甚至于已经开始通过互食和残杀幼崽来果腹——诸如此类的说法。拿破仑非常清楚，一旦叫外界知晓了农场食物短缺的真实情况，后果会多糟糕，因此他决定利用温珀先生去散播相反的印象。原本在此之前，动物们在温珀每周到访农场时，是极少同他发生接触的。但这回，一些动物，大多是绵羊，被挑选出来，他们的任务是让温珀在不经意间听到他们关于食物已经增加的讨论。除此以外拿破仑还命令，把饲料贮藏室里一些几乎已经空掉的贮藏箱，都用沙子装填到几近箱口边缘的地方，然后再用剩下的谷物和粗粮覆盖在上面，填满余空。之后用一个恰当的借口，引温珀到饲料贮藏室，找机会让他能瞥见那些贮藏箱。果然，温珀上当了，不断向外界报道称动物农场并不存在食物短缺的问题。

尽管如此，一月底的时候粮食短缺的状况已经无法置之不理了，动物农场必须得设法从某处弄到粮食。这些日子，拿破仑很少出现在公众的视线中，他整天待在农场的住宅，而那儿的每道门都有凶神恶煞的狗把守。他偶尔现身，则气场凛然地被六只大狗的护卫队紧紧护在正中；但凡有谁靠得太近，那些狗就气势汹汹地叫起来。连星期日上午也常常缺席，都是通过其他一头猪——通常是喉舌，来传达命令。

一个星期日的早上，喉舌宣布说，从现在起，照例又要开始产卵的母鸡们，必须上缴她们的蛋。经过温珀的联系，拿破仑承诺接受一项每周提供四百个鸡蛋的协议，而这项收入将用于购买足够的谷物，这样农场的食物就可以维持到夏季了。而一到夏季，情况就会好转。

母鸡一听到这项决定，立时恐慌地吵嚷不休，表示强烈的抗议。尽管早前拿破仑曾预先提醒过，要她们预备接受这样的牺牲，但是她们一直都不相信这种情况会真的到来。她们才刚刚准备好春季要孵育的蛋，抗议说这时把蛋拿走的行径无异于谋杀。自琼斯被驱逐后，农场还是第一次发生这种类似反叛的行为。在三只年轻的梅诺卡种黑鸡率领下，母鸡们决定奋力反抗拿破仑的意志。她们的方法是飞到椽子上产卵，让蛋直接落到地面摔碎。拿破仑迅速拿出了冷酷的手段应对。他指示停止发放母鸡的口粮，并下令，任何私下接济母鸡的动物——不论是谁，哪怕只是施舍了一粒谷物——都将被处以死刑，由狗来负责监督执行这项规定。母鸡们坚持了五天后还是屈服了，回到了她们的巢箱。这期间共有九只鸡死去，尸体被埋入了果园。对外公开的说法是，她们死于感染球虫病。温珀并不知晓这件事。鸡蛋依旧按期及时交付，每周一辆食品运送车都到农场来一次把鸡蛋拉走。

这段时间里，没有谁再见到过雪球的踪迹。有传闻说他就藏身于附近两座农场之一，不是在福克斯伍德就是在平彻菲尔德。此时拿破仑和其他农场的关系已经较之前和缓了许多。恰好这时候，积放在场院的那堆木材——十年前农场清理一片山毛榉小树林时留下的，已经相当干燥了，正是合用的时候。温珀建议拿破仑抓住机会把它卖掉——皮尔金顿和弗里德利克都急切地想要得到这堆木料。拿破仑在这两人之间犹豫不决，不确定要卖给谁。大家注意到，每当他似乎表现出同弗里德利克签订协定的意向时，雪球正藏在福克斯伍德农场的传言就会甚嚣尘上；而当他流露出要与皮尔金顿交易的倾向的时候，又四散起雪球躲在平彻菲尔德农场的谣言。

初春的时候，突然发生了一件事令大家无比震惊。那就是有靠谱的消息称，雪球竟然经常在夜里偷偷潜进农场！动物们对于此都表现得很受惊，这件事甚至扰得他们晚上在棚舍里睡觉都不安生。据说，每晚雪球都借着夜幕掩护，蹑手蹑脚地潜进来，做出种种为祸的事。他偷食谷物，打翻奶桶，打破鸡蛋，践踏苗圃，啃掉果树皮。不论农场出现了什么糟糕的事，都一定会被归罪到雪球身上。要是一扇窗户被打破了，或是下水道堵塞了，立刻会有谁出来声称这是雪球夜间潜入干下的。当饲料贮藏室的钥匙不见了，整个农场的动物都一致认定是雪球把它扔进了井里。奇怪的是，即便之后那把遗失的钥匙被找到了——原来它是被谁误放在了一袋面粉下，大家还是坚信之前的推论。奶牛们一致声称雪球趁着他们睡觉的时候潜进了牛棚，偷偷挤走了她们的奶。而那些在冬天制造了不少麻烦的老鼠，也被认为是和雪球狼狈为奸的同伙。

拿破仑下令彻查雪球的一系列活动。他由几条狗护卫着，仔细巡查了农场的各处棚舍。其他动物也都保持着恰到好处的距离跟在后面，以昭示等级和秩序。每走几步，拿破仑就停下来，嗅嗅地上有无残留雪球的痕迹。他说他能凭气味探查出雪球的存在。每个角落都没有被遗漏，谷仓、牛棚、鸡窝和菜园，几乎任何地方都有雪球来过的迹象。他把头探向地面，几乎要将鼻子贴到地上，深深嗅了几下，以一种可怖的声音惊呼："是雪球！他到过这儿！我绝不会认错他的气味！"护卫的狗一听到"雪球"，立刻凶狠地龇出利齿，发出使人不寒而栗的狂叫。

动物们简直被吓得寝食难安。在他们的思维里，雪球就好像是某种无形的恶魔，渗透在他们周围的空间，挟着巨大的压迫感，又遍及每一个空气分子，简直无孔不入；他能够随时随地搞出各种威胁，使他们持续被恐吓笼罩，不得喘息的机会。到了晚上，喉舌让动物们集合，一脸惶恐地说有严肃的消息要通报给大家。

"同志们，"喉舌一边神经质地蹦跳着，一边大声叫着，"最可怕的事已经发生了。雪球投靠了平彻菲尔德农场的弗里德利克，他们结成了统一的战线；而那边正密谋要攻打我们，企图夺走我们的农场；雪球将在进攻伊始带头领路。还有比这更糟糕的：我们都曾以为雪球的反叛是受虚荣心和野心的驱使；但我们错了，同志们——雪球真正的动机你们能猜到吗？打从一开始，雪球就和琼斯秘密结成了同盟！从始至终他都是琼斯的特务。这些都已经从我们刚刚发现的雪球遗留的文件中得到了证明。同志们，我想，现在很多事情的真相已经豁然开朗，许多答案都呼之欲出了。在牛棚战役中，他曾试图使我们全军覆没——所幸他的阴谋没有得逞。这难道不是我们亲眼所见吗？”

动物们都目瞪口呆，这可是比摧毁风车还要更加严重的罪行。但是在完全接受喉舌这个说法前，他们犹豫了几分钟。因为他们都还记得，或者说他们自以为是有这出记忆的，他们曾见证雪球在牛棚战役中领头冲锋陷阵，不时带大家重整旗鼓，甚至在琼斯用枪弹射伤他的脊背时，也丝毫没有退缩。脑海中的这些记忆，首先就令他们很难接受雪球一直是琼斯的特务的说法。甚至很少质疑的拳击手也觉得懵懂、困惑。他卧了下来，把前腿蜷缩在身子下面，闭上眼睛，绞尽脑汁想将这些混乱的脉络理出个头绪。

“我不相信，”他说，“雪球在牛棚战役里非常勇敢地同敌人战斗，这都是我亲眼看到的。我们不是还在战后立刻授予了他‘一级动物英雄’的勋章吗？”

“那是我们判断失误，同志。因为我们现在才搞清楚了真相——这些都清楚地写在他遗留的秘密文件中，当时他其实是计划引诱我们毁灭。”

“但是他负伤了，”拳击手说，“我们都看到他边流血边坚守在前线战斗。”

“这都是预先设定好的情节！”喉舌喊道，“琼斯的枪弹只不过擦破了一点儿他的皮。要是你能读懂的话，我可以拿给你看出自他手笔的那些文件。原本照着他们的阴谋，会在关键的时刻发出信号，示意雪球撤退，好让我们把战场，我们的农场，拱手让给敌人。他险些就得逞了，我甚至敢说，如果不是我们英雄的领袖拿破仑同志，同志们，他们当时就得逞了。你们总不会忘记了吧？在琼斯一帮人冲进院子的那瞬间，雪球突然掉头就跑，许多动物也跟着他跑了——你们没有忘记那一幕吧？而且就在恐慌席卷了大家，场面乱作一团，局势几乎要朝着人类一面倒的时候，你们一定还记得——在这个紧要的关口，是拿破仑同志高喊着‘消灭人类’身先士卒，冲上前狠狠咬住琼斯的腿不松口。你们总该记得这段吧，同志们？”喉舌边左右蹦跳，边大声地喊叫。

现在喉舌把那一幕这么生动形象地一番描述，动物们便觉得自己也记起来好像的确有这么一件事。无论如何，他们记得在战斗最危急的关头，雪球的确曾掉头逃跑。但即便如此，拳击手还是觉得不大对劲。

“我不相信雪球在最初就是一个叛徒，”拳击手终于说道，“他后来的所作所为是另外一回事，但我相信在牛棚战役的时候，他还是一个好同志。”

“我们的领袖，拿破仑同志，”喉舌缓慢而坚定地宣告，“已经明确地——非常明确地——判定了雪球从最开始的时候就是琼斯的特务。是的，一开始便是，早在我们中还没有谁想到造反之前。”

“啊，这就不一样了，”拳击手说，“如果是拿破仑同志说的，那就肯定不会有错。”

“这才是正确的意志，同志！”喉舌大声说。但有动物注意到，他那对闪着光的小眼睛颇为古怪地瞥了拳击手一眼。他转身要走，又停下来郑重其事地补充道：“我提醒农场的每个动物，一定要睁大眼睛，我们有理由认为，此时此刻，雪球的间谍正潜伏在我们中间！”

四天后的傍晚，拿破仑召集所有的动物在场院集合。等他们到齐后，拿破仑从农场的住宅里走出来，佩戴着两枚勋章（近日他已经授予了自己“一级动物英雄”和“二级动物英雄”的勋章），九条大狗把他拥在中间，围着他窜来窜去。他们凶残的吠声令所有动物遍体生寒，不禁打起冷战。动物们都默默蜷在各自的位置上，仿佛有预感：什么可怕的事将要发生。

拿破仑沉着脸站在那儿，缓缓地扫视着底下等着的动物，继而提高嗓门儿发出一声凌厉的嚎叫。恶狗们应声立即蹿了出去，咬住四头小猪的耳朵，将他们拖拽到拿破仑脚下。小猪在疼痛和恐惧中尖声嚎叫。小猪的耳朵淋漓着鲜血。狗尝到了血腥味，顿时发狂，持续了几分钟。最让动物们惊骇的，是有三条狗扑向了拳击手。拳击手见它们扑过来，举起他巨大的蹄子，在半空中逮住其中一条，将它摁在地上。这条狗哀号着讨饶，另外两条狗立时夹紧尾巴逃了回去。拳击手看着拿破仑，想知道是该踩死这条狗，还是要放掉他。拿破仑变了脸色，厉声喝令拳击手放掉狗。拳击手抬起蹄子，伤痕累累的狗悲号着溜走了。

一场骚乱随即平息。唯有那四头猪还战栗着等待发落，他们脸上的每道褶皱好像都刻印着他们自己有罪的事实。拿破仑严词厉色地令他们坦白罪行。他们正是拿破仑宣布废止星期日大集会时发出抗议的那四头猪。没等任何进一步的审讯，他们很快坦承了——在雪球被驱逐后一直私下秘密和他保持联络。他们还同雪球勾结，捣毁了风车。并且和雪球秘密协定，计划把整个农场拱手让给弗里德利克。他们还补充道，雪球早先曾私下里对他们坦承，这些年来他一直是琼斯的间谍。在他们结束供认罪行后，狗立刻撕咬断他们的喉咙。拿破仑声色俱厉地喝问还有没有别的动物需要坦白问题。

这时，在之前的鸡蛋风波中试图组织叛逆行为的三只领头的母鸡走上前，供称雪球曾在她们的梦中现身，并教唆她们挑衅拿破仑的权威。她们也被处决了。接着一只鹅站出来，坦白曾在去年收割时私藏了六穗谷粒，然后在夜里吃掉了。接下来是一只羊，他供认自己曾朝饮水池撒尿，并坦白是雪球鼓动他这么做的。还有两只羊坦白了自己的罪行，他们曾经谋杀了一只老公羊——他是拿破仑的一名忠实信徒；他们趁他气喘发作时，追赶在后面，迫使他围着一堆篝火兜圈跑。这些动物都被当场处决了。认罪和处刑还在继续进行，直到拿破仑的脚下积起成堆的尸体，空气中浮散着浓重的血腥味。这种景象自琼斯被驱逐后还从来没有过。

等这一切结束后，余下的动物，除了猪和狗以外，都拥在一起沉默地离开了。他们因为过于惊骇而茫然无措，又搞不清楚究竟是哪件事带来的冲击更大——是有动物勾结了雪球意图背叛呢，还是刚刚目睹的对叛逆分子的血腥镇压。过去这种流血的恐怖场景也时有发生，但如今更糟糕的在于，这样的杀戮发生在了他们自己的同志中间。自琼斯被驱逐出农场到现在，还从没发生过动物杀害其他动物的情况，甚至老鼠都未曾遇害。动物们走到矗着只修了一半的风车的小山丘上，不约而同地卧了下来，互相紧挨着挤作一团，就像是为了从彼此的身体汲取更多的热力，有苜蓿、穆里尔、本杰明、奶牛、羊，还有一群鹅和鸡。事实上除了那只猫以外，大家都在这儿了。就在拿破仑命令全部动物集合的时候，她突然不见踪迹了。好一会儿大家都沉默着，一句话也不说。只有拳击手依旧站着，焦躁不安地挪动身躯，一条长长的黑尾巴不断地抽打着自己的身躯，偶尔隐忍着短促地嘶叫一声。终于他开口道：

“我真的搞不懂。我实在难以相信这种事会发生在我们农场里。这肯定是由于我们自己犯了什么错误。解决的方法我看只有一个，那就是要更努力地工作。从今天起，每天早上我要把起床时间提前一个钟头。”

他沉重地迈开蹄子，朝着石矿走去。他到那儿连续收集了两车石块，又拉到了风车施工的地点，一直忙碌到夜间。

动物们仍然沉默无声地挤在苜蓿周围。从他们卧着的小山丘能眺望得很远，视野能及的是动物农场的绝大部分——一直通向大路的狭长的牧场，种秣草地，灌木林，饮水的池塘，茁壮成长着青色新麦的刚刚翻新过的耕地，农场建筑物的红屋顶，还有从烟囱里升起的袅袅青烟。在这个晴朗的春天的傍晚，夕阳的斜晖给草地和葱葱郁郁的树篱镀上了一层金色的华彩。动物们突然吃惊地记起，现在农场是属于他们自己的，每一寸土地都归他们所有。他们从未发现这里的一切都这么的令他们满足、迷恋。苜蓿望向山坡下面，眸子里不由得涌出泪水。如果她能用语言表达出此刻所想的话，她肯定会这么说：当初他们为推翻人类统治而全力以赴的奋斗，所追求的可并非如今这样的光景。这些恐怖的事情、这些杀戮的场面，也绝不是老少校那天夜里第一次号召他们造反时大家心中向往的。假如她自己能构想出理想未来的蓝图，那一定会是一个动物不用再受忍饥挨饿之苦、不用再被皮鞭驱使劳役的完全解放的社会，在那里动物们一律平等，各尽所能，强者保护弱者——就像在老少校讲话的那个晚上，她曾用前腿护住了一窝丧失了依靠的小鸭子。但是她不明白，为什么现在他们却落入了这样的处境中：没有谁敢说出自己真实的想法，恶狗凶狠残酷地狂吠着横行，不得不眼睁睁看着自己的同志在招供出可怕的罪行后被撕碎……苜蓿心里并没有反叛或者违抗命令的念头。她知道即便如此，他们现在的生活也远胜过在琼斯统治的时代。何况比起其他无足轻重的想法，眼下最重要的是必须防备人类的再次反扑。不论如何，她都应该忠贞地工作，完成交给她的任务，服从拿破仑的领导。然而，她仍然感觉到，她同其他动物在心中期盼并为之艰苦奋斗的，并不是现在这样的景象。不畏劳苦地建造风车也好，顶着琼斯的枪弹冲锋陷阵也好，为的肯定不是眼前这样。这就是苜蓿此刻的想法，尽管她没有表达出这种思想的语言能力。

最后，她实在找不到什么合适的语言去表达，只好换了种方式替代，唱起了《英格兰野兽》。围着她身边的其他动物都跟着哼唱起来。他们唱了三遍，唱得非常和谐，但调子却缓慢而哀伤。他们以前还从来没用过这种唱法唱这首歌。

在他们刚唱完第三遍的时候，喉舌就由两条狗陪同着走了过来，一副有什么大事要说的样子。他向他们宣布，遵照拿破仑同志的特别指令，《英格兰野兽》已被取缔。从现在开始，这首歌被禁唱了。

动物们都无比震惊。

“为什么？”穆里尔叫道。

“不需要了，同志，”喉舌语气冷硬地说，“《英格兰野兽》是一首造反的歌，而我们的造反已经完全彻底地取得了胜利。今天下午对叛徒的处刑是最后的行动。不论是外部还是内部，所有的敌人都被击溃。我们当时借《英格兰野兽》憧憬的那个更美好的未来社会，现在已经在动物农场实现了。很明显，这首歌已经失去了存在的价值。”

动物们有些害怕，大概有几个原本还要提出抗议，但就在这时，绵羊照例“四条腿好，两条腿坏”地开始了咩咩大合唱，一叫就是好几分钟，因此这件事也就不了了之了。

所以再也听不到《英格兰野兽》了。取代这首歌的，是长于诗作的小不点创作的另外一首歌。它是这样开头的：

动物农场，动物农场
我绝不会危害你！

以后，每个星期日上午升旗之后必唱的就变成了这首歌。但不清楚什么原因，动物们总觉得它不论歌词还是曲调，比起《英格兰野兽》都相去甚远。

第八章 错乱

当记忆被混淆，什么是真实

几天以后，由于处刑造成的恐怖气氛开始逐渐散去，有些动物才记起了——或者他们自以为记忆里存在——第六条戒律明文规定："所有动物都不许杀害其他任何动物"。虽然他们提到这件事时，谁也不敢叫猪和狗听见，却都感觉到，那次血腥的处刑违背了戒律。苜蓿拜托本杰明替她念一下第六条戒律，不过本杰明照旧拒绝掺和到这类事情里。苜蓿又再去找穆里尔求助。穆里尔给她读了，上面的第六条戒律写着："所有动物都不许杀害其他任何动物，无缘无故地。"不知道怎么回事，末尾的那几个字竟然在动物们的记忆中消失了。不过他们现在总算清楚了，对叛徒的那次处刑是完全正当的，并没有违背戒律。

这一整年，比起过去那些年头，动物甚至工作得更辛苦了。他们必须要在预定的期限内重建风车，并且墙座要是过去的两倍厚，另外还有农场的种种日常劳务要完成，劳动量实在大得难以消受。有时候动物们会感觉，他们比起在琼斯统治的时代更长时间地工作着，吃得却一如既往——甚至更差些。每到星期日的早上，喉舌会用蹄子捏着一条长长的纸，宣读一系列大串的数据，证明各种作物分别增产了百分之二百，百分之三百，或者百分之五百。动物们认为他们完全没有理由不相信喉舌的说法，特别是现在他们已经记不太清造反之前具体是什么情形了。但他们常常觉得，宁肯少听些数字而多分到点儿吃的。

如今农场的所有命令都是通过喉舌，或者其他几头猪传达的。拿破仑自己两个星期才难得公开露一次面。而每当他在大家面前现身，不只有由狗组成的护卫队陪同，还会有一只黑色的小公鸡，像喇叭手似的在前方开道。拿破仑要开口前，总要由公鸡先发出几声“喔喔”的响亮啼叫。据说，就是在农场的住宅里，拿破仑也是同别的猪分开住的，他享有单间公寓的待遇。他在两条狗的陪侍下独自用餐，并且要使用过去摆在客厅玻璃柜的德比王冠瓷餐具。另外，向动物们宣布的新通告说，拿破仑每年的诞辰都要鸣枪庆祝，就像其他两个周年纪念日一样。

如今可不能再简单地直呼拿破仑这个名字了。提到他时，要使用规定的正式尊称——“我们的领袖拿破仑同志”。猪们更是喜欢为他发明创造诸多头衔，像是“动物之父”“人类的克星”“羊栏的守护神”“鸭的挚友”等。喉舌在演讲时总要大谈拿破仑的英明才智和慈爱之心，眼含热泪地说到他对世界各地的所有动物，特别是对那些生活在其他农场、至今仍过着遭受奴役的悲惨生活而尚未觉悟的动物，怀着最深挚的爱。另外，农场取得的任何成就，或者遇到的任何幸运的事，等等，诸如此类的荣誉都要冠在拿破仑名下——这差不多已经成为惯例了。你经常会听到一只母鸡对另外一只母鸡说“在我们的领袖拿破仑同志的领导下，我在六天里产下了五个蛋”，或者在池塘边饮水的两头牛高声感叹着：“感谢拿破仑同志领导有方，这里的水多甜啊！”整个农场的动物们的普遍心态，在一首名为“拿破仑同志”的诗中表达得淋漓尽致。诗是小不点儿写的。全诗如下：

孤苦孩儿的慈父！
幸福欢乐的源泉！

布施万物的神圣的人！
您的目光坚毅而沉静，
就像是当空的太阳。
每当我仰视它的时候，
心神激荡！燃烧般光亮而温暖。
啊，拿破仑同志！
是神圣的您恩泽众生。
每日的两顿饱餐，
干软舒适的稻草，
正是因为有了神圣的您的守护，
所有的动物，不论强弱、老幼，
才能在棚舍中好梦正酣。
啊，拿破仑同志！
我如果有一头嗷嗷待哺的幼兽，
不待他长得再大一些，
即便他还像奶瓶般弱小，
他也该学会人生的第一件道理，
那就是对您忠诚无限。
他发出咿咿呀呀的第一声：
啊，拿破仑同志！

拿破仑对这首诗赞许有加，下令把它题在大谷仓的墙上，就在七戒的对面。诗的上方由喉舌用白漆画着拿破仑的侧身像。

在这期间，由经纪人温珀从中联络，拿破仑同弗里德利克和皮尔金顿持续进行着烦冗的谈判。堆在场院的木材仍未售出。在这两人中，弗里德利克更心切地想要得到这些木材，但又不愿意拿出合适的价钱。与此同时，一个过时的传言又重新流传开来，弗里德利克同他手下的雇工正密谋袭击动物农场，捣毁风车——这项工程早就令他嫉恨不已。据说雪球仍然藏身于平彻菲尔德农场。仲夏时节，动物们又震惊地听到，三只鸡主动坦承，说他们曾受雪球蛊惑，参与了一起谋杀拿破仑的阴谋。这三只鸡随即被处刑。为保险起见，保证拿破仑同志的人身安全，拿破仑修复了对他自己的防卫工作中的漏洞，加强了防备的力度，采取了诸多新的保卫措施。夜里有四条狗护卫他的床，他们各自守在床角。一头名叫粉红眼的小猪被授予一项重要任务：凡是拿破仑要吃的食物，他都要预先尝试，以防食物被下了毒。

大概就在这个时候，下达通知说，拿破仑决定把那堆木材卖给皮尔金顿先生了，并且他们还准备签订关于在动物农场同福克斯伍德农场之间长期交换某些产品的协议。虽然拿破仑同皮尔金顿的贸易往来一直都通过温珀进行，但双方现在的关系已经可以算得上友好了。因为皮尔金顿是人的缘故，动物们很难不戒备他，但跟那个令他们又怕又恨的弗里德利克比起来，他们显然更偏向同皮尔金顿做交易。夏季过去的时候，风车也快竣工了，弗里德利克即将进攻农场的风声也愈演愈烈。据说他准备率领一支二十人的全副武装的队伍发动进攻，并且已经买通了地方官员和警察，只要他能拿到动物农场的产权书，官方就不会对他们的作为多做追究。更有甚者，种种骇人听闻的事不断从平彻菲尔德农场渗漏出来，关于弗里德利克用牲畜来试验种种残酷虐待的手段。他用鞭子活活抽打死一匹老马，成日里饿着奶牛，把一条狗扔进火炉活活烧死；到了晚上就把刮脸用的碎刀片绑在公鸡的爪子上，以观看斗鸡为乐。动物们听到自己的同志遭受到这种种折磨，都义愤填膺、热血沸腾，好几次按捺不住，叫嚷着让他们一起去攻打平彻菲尔德农场，驱逐那里的人类，解救那里的同志们。但是喉舌告诫他们避免鲁莽行事，要听任拿破仑的战略调度。

尽管如此，反对弗里德利克的情绪还是持续高涨。一个星期日的早上，拿破仑出现在大谷仓，对大家解释说，不管任何时候，他都没有过把那堆木材出售给弗里德利克的打算。他认为跟这样的恶棍交往会降低他的身份。被派出去鼓动造反的鸽子，以后禁止在福克斯伍德农场的范围内落脚。同时拿破仑下令，将他们过去散播的“打倒人类”的口号，改为“打倒弗里德利克”。夏天到了尾声时，雪球的又一阴谋被赤裸裸地揭露了。麦地里长满了杂草，被发现是由于雪球在某天夜里潜入农场，往麦种里掺进了大量草籽的缘故。参与过这个阴谋的一只鹅向喉舌供认了罪行，然后吞食剧毒的颠茄浆果自杀了。他们也了解到，雪球根本没有像许多动物一直相信的那样获得过“一级动物英雄”的勋章。这纯粹只是牛棚战役刚刚结束的那段时期，由雪球自己操作，散布出去的虚假的神话。并且与此相反的事实是，他由于在战斗中畏缩怕死而受到了谴责。这样的说法让有些动物再次感到困惑，但是喉舌很快就让他们信服了，叫他们以为这是他们产生的臆想。

到了秋天，在保证不耽搁收割进度的同时，经过动物们筋疲力尽地苦干，风车终于建成了。自然，机械设备还有待安装——温珀正在同人交涉购置机器的事，但工程的主体已经全部竣工了。阻挠他们的各种困难层出不穷，尽管他们此类经验近乎零，工作方式又是最原始的那种，运气也很糟糕，又有雪球的阴谋不断干扰着他们，但整个风车工程还是如期竣工了，比起预期没有延误一天。动物们虽然疲惫不堪，却都感到无与伦比的自豪。他们围着自己的杰作绕来绕去，在他们眼中，风车比第一次那时看起来要更漂亮。而且墙壁也是过去的两倍厚。现在，除了用炸药，什么都不能把它摧毁。回顾一下，他们为了这项工程干尽各项艰苦繁重的工作，战胜了种种困难与挫折；但只要想到，一旦风车运转起来、发电机开始工作，将使他们的生活方式发生多么翻天覆地的改变——当他们想到这一切，所有的疲劳顿时就消失了，他们绕着风车欣喜地欢呼雀跃。拿破仑在狗同鸡的拥簇下，亲自莅临现场，视察完工的风车。他对这项成就表示了祝贺，并宣布亲自为这个风车命名，就叫“拿破仑风车”。

两天以后，动物们被召集到大谷仓举行特别集会。拿破仑宣布，他已经把那堆木料卖给了弗里德利克，第二天弗里德利克就要来拉走木料。动物们听到后都惊得目瞪口呆。整个这段时期以来，拿破仑表现得与皮尔金顿往来密切，但实际上他已经同弗里德利克秘密签订了协议。

和福克斯伍德农场的关系完全破裂了，侮辱的信件不断被送到皮尔金顿那里。鸽子们被通知今后要避开平彻菲尔德农场，“消灭弗里德利克”的口号也要改成“消灭皮尔金顿”。同时拿破仑坚定地告诉动物们，弗里德利克即将袭击动物农场的传闻完全是无稽之谈，至于弗里德利克虐待动物的谣言更是夸大失实的。这些虚假的消息极有可能是雪球和他的同党杜撰然后散布出来的。如今看来，雪球并没有藏在平彻菲尔德农场，事实上他平生还从没有去过那里。他正住在福克斯伍德农场，据说生活得十分奢侈——实际上他这些年一直在当皮尔金顿的食客。

所有的猪都对拿破仑运用的策略与手腕——做出同皮尔金顿友好的假象，从而迷惑弗里德利克，迫使他把报价提高了十二镑——拜服。但是，喉舌说道，真正体现拿破仑过人的英明之处的，其实是拿破仑不信任任何一方的态度，甚至对弗里德利克也是如此。弗里德利克原本想用一种叫作支票的东西支付货款，但那东西不过是写上了付款承诺的一张纸，以拿破仑的英明智慧，怎么会被他欺骗呢！他要求弗里德利克用五英镑的现钞付款，一手交钱一手交货。弗里德利克已经结清了款项，这笔进账刚好够购买风车运转所必需的那些机器。

期间，木料很快地被运走了。等全部运完以后，动物们又被召集到大谷仓里举行特别集会，为了叫动物们好好见识一下弗里德利克支付的那些钞票。拿破仑佩戴着他的两枚勋章，笑逐颜开地卧靠在凸台上的稻草铺上；钱就放在他身边，在从农场住宅的厨房拿来的瓷盘子上整整齐齐地码放着。动物们列队慢慢经过，都仔细地盯着瞅了半天。拳击手还把鼻子伸过去嗅了嗅，他呼出的气息激得那沓白色的薄纸片抖动纷纷，飒飒作响。

三天以后发生了一场骚乱。温珀骑着自行车飞驰而来，脸色惨白得像纸一样。他把自行车随便往院子里一扔就径直冲进了农场住宅。不一会儿，从拿破仑的住宅里就传出一声仿佛要哽死过去的气急败坏的怒吼。出事的消息就像野火一样迅速蔓延，整个农场都很快听说了。那些都是假钞！弗里德利克白白运走了木料！

拿破仑立刻将动物们召集起来，用极其可怖的声音宣布判处弗里德利克死刑。一旦活捉住弗里德利克，他说，要把他活活煮死。同时他还警告动物们，在这件阴险的背信弃义的行为背后，可能隐藏着将发生的最糟糕的事，大家不可不防。弗里德利克同手下的人随时可能发动他们蓄谋已久的袭击。通向农场的所有路口都已经布置下岗哨。另外，四只鸽子也被派往福克斯伍德农场，递交和解的信函，希望能与皮尔金顿重修旧好。

很快，在第二天的清晨，进攻开始了。就在动物们吃早饭的时候，负责警戒的哨兵飞快地跑来报告，说是弗里德利克和他的手下已经闯进带五道闩的大门了。动物们的气势勇猛无比，立即冲到了外面迎击，但这回他们可没能像之前的牛棚战役那样轻易地取胜。来袭者一共有十五个，带着六条枪；只要他们一走进五十码的范围，就会马上开火。动物们抵抗不了威力极大的火药和带来剧痛的子弹，尽管有拿破仑和拳击手鼓舞大家，他们还是很快就败下阵。有些动物已经负伤。他们只好纷纷逃进棚舍避难，从墙缝和木板的疤孔小心翼翼地向外窥看。整个大牧场，包括风车在内，已经全都落入敌手。这一刻，就连拿破仑似乎也束手无策，他沉默不语，来回踱着步子，尾巴变得僵直起来，还不住地抽搐着。他带着期望的目光望向福克斯伍德农场。如果这个时候皮尔金顿能带人来支援的话，战局还有翻盘的可能。然而就在这时，前一天派去送和解信的四只鸽子飞回来了，一只还带回了一张皮尔金顿的纸片。纸上只写着："活该。"

此刻弗里德利克和他手下的人已经停在了风车边上，动物们望着他们，惊恐不安地嘁嘁喳喳起来。只见他们中的两个拿出了一根钢钎和一把大铁锤。他们打算拆除风车。

"不可能做得到！"拿破仑喊道，"我们把墙砌得那么厚，哪怕给他们一个星期也绝不可能办到。振作点儿，同志们！"

只有本杰明一直在密切观察着敌人的行动。拿钢钎和大铁锤的两个人正从风车的地基附近打孔。本杰明慢慢悠悠地努了努他的长嘴巴，表情像是发现了什么有趣的事似的。

"我就知道，"他说，"你们没瞧见他们在干什么吗？接下来他们就要在打好的孔里塞上炸药了。"

动物们都大惊失色，但这个时候从隐蔽点冲出去就太冒险了，他们只能束手无策地藏在那里，别无他法。几分钟之后，他们看到那些人朝四下跑开，继而传来了一声震耳欲聋的巨响。鸽子立刻飞到了天空的高处。除了拿破仑，其他的动物都一下子趴倒在地上，把脸藏了起来。等他们再起来时，原本风车所在的位置正被一团巨大的黑云笼罩着。微风逐渐吹散了黑烟。风车已然不复存在！

目睹了这幅场景的动物们，似乎重新召回了体内的勇气。不久之前他们还被恐惧绝望所笼罩。但此刻由于这种卑劣行径所激起的狂怒，那些消极的情绪已经被彻底地掩盖过去。他们激动地高喊着复仇，无须下一步命令就一齐冲向敌人。这回他们也顾不上畏惧擦着他们的身体呼啸而过的恐怖枪弹了，即便这些扫射的枪弹像冰雹一样。这是一场残酷、惨烈的战斗。人们不停地射击，而一等动物靠近，他们就用棍棒猛打，抬起沉重的靴子猛踢猛踹。一头牛、三只羊和两只鹅被当场杀害；几乎每一个动物都负了伤。甚至一直待在后方指挥作战的拿破仑，尾巴尖都被枪弹削掉了一块儿。但是人类阵营也并非毫发无伤。三个人被拳击手的重蹄踢破了头，有一个人被牛的犄角顶破了肚子，还有一个人的裤子几乎要被本杰明和蓝铃草扯掉了。担任拿破仑近卫的九条狗，奉命借着树篱的掩护迂回过去，包抄人类的侧翼。当他们突然狰狞可怖地吼叫着出现在人们身边时，这些人被吓得心惊胆战。他们发现自己眼看有被动物包围的危险。弗里德利克命令他的人手趁着退路还没断，赶快撤退。瞬间，这帮只知道惜命的懦夫就仓皇逃跑了。动物们一直把他们追到农场的边界，趁他们从树篱的空隙强行挤出去的时候，狠踢了他们最后几脚。

动物们获胜了，但他们全都疲惫不堪，伤口流着血。他们一瘸一拐地朝着农场慢慢走去。看到横在草地上阵亡的同志们，不少动物都伤心地掉眼泪。好一会儿，他们站在原本风车矗立着的地方，黯然沉默。这不是幻觉，风车真的不存在了。他们多年兢兢业业的成果，现在却没留下一丁点儿存在的痕迹。甚至地基也被炸毁了一部分。而且这回再要重建的话，他们也不像上回那样能利用之前坍塌的石头。因为这一回就连石头都荡然无存了。爆炸的气浪将石头冲击出了好几百码远。这里就好像从来都没有风车存在过。

当动物们快到农场时，因不明原因在战斗中始终没露面的喉舌，此时朝他们蹦跳着过来，而且难掩喜色，甩动着尾巴。就在这时，动物们听到了从农场棚舍区那边传来了象征庆祝的鸣枪声。

“为什么要鸣枪？”拳击手问。

“为了庆祝我们的胜利！”喉舌雀跃不已。

“什么胜利？”拳击手困惑地问道。他的膝盖还淋漓着鲜血，而且丢了一只马蹄铁，蹄子也绽裂了，后腿中了足有十二颗枪弹。

“什么胜利？还用问吗，同志？难道我们没有把敌人驱逐出我们的领土吗？从我们动物农场神圣的领土上？”

“可是他们炸毁了我们的风车。那可是我们整整干了两年的呀！”

“这又怎样呢？我们可以再重新建一个。只要我们愿意，修建六个也不在话下。同志，你尚未意识到，我们干的是件多么了不起的事。我们立于其上的这片土地，刚才曾一度被敌人占据。而现在，多亏拿破仑同志领导有方，我们把每一寸土地都完完全全地夺回来了！”

“然而我们夺回来的是原本就属于我们的土地。”拳击手说。

“这就是我们的胜利。”喉舌说。

他们一瘸一拐地走回院子里。嵌在拳击手后腿里的子弹使他感到钻心的疼痛。他看到摆在他面前的，是必须从地基开始重建风车的艰苦繁重的任务。在思想中他已经开始振作发奋。但这时他第一次想到，他已经十一岁了，他那引以为傲的气力或许已经今非昔比了。

但是当动物们看到飘扬的绿旗，听见再次响起象征庆祝的鸣枪声——一共响了七枪，又听到拿破仑致辞，为他们英勇行为祝贺时，他们终究觉得，自己似乎是取得了巨大的胜利。他们为战斗中阵亡的动物举行了隆重的葬礼。拳击手和苜蓿拉着一辆四轮的平板货车当作灵车，拿破仑亲自走在送葬队伍的最前面。连着整整两天的时间在举办庆祝活动，有唱歌、讲演，还放响了更多的鸣枪。每个动物都领到一个苹果作为特别纪念品，每只家禽都得到两盎司谷粒，每条狗都分得三块饼干。下达的通知将这次战斗正式命名为风车战役。拿破仑还设计了一枚新的勋章——绿旗勋章，并授予了他自己。在欢喜的氛围中，招来厄运的假钞票事件已经被忘在脑后了。

庆祝的数日后，猪偶然在农场住宅的地下室里发现了一木箱威士忌。当初他们刚刚入住这边时并没有注意到。当天晚上，农场的住宅这边不断传出聒噪的歌声。令动物们吃惊的是，其中偶尔还夹杂着《英格兰野兽》的曲调。大约九点半，动物们清楚地看到拿破仑戴着琼斯先生曾戴过的圆顶旧礼帽从后门走出来，飞快地绕着院子跑了一圈，又闪进了门消失了。第二天早上，农场的住宅变得静悄悄的，一片静寂。没有一头猪露出什么动静。将近九点钟的时候，喉舌才露了面，他脚步迟缓、神情沮丧、目光呆滞，尾巴无力地耷拉在后面，看起来有些病蔫蔫的。他召集动物们，说是要告诉大家一个沉痛的消息：拿破仑同志病危了！

一阵悲痛的哀号在动物中响起。农场的住宅的门外铺上了干草，动物们都蹑着脚经过。他们眼睛满含着泪水彼此问道：要是他们的领袖永远地离开了，他们该怎么办？小道消息在暗地里风传，说是雪球企图在拿破仑的食物里下毒的阴谋终究还是得逞了。十一点钟，喉舌又走出来发布一条公告，说拿破仑同志临终前的最后一项举措，是宣布了一道庄严的法令：饮酒者要处以死刑。

但是到了傍晚，拿破仑的病情似乎有些好转。次日早上，喉舌告诉大家，拿破仑正逐渐康复。等到晚上的时候，拿破仑又开始工作了。等到第二天，动物们获悉拿破仑委派温珀到威灵顿去购买一些有关酿造和蒸馏的小册子。一星期后，拿破仑下令，把位于果园那边原本预备作为退休动物休憩地的小围场重新翻耕。通告中的说法是，这块草地的地力已经枯竭，必须重新耕种激活它。但很快，动物们就知道了，拿破仑打算在这块地种植大麦。

大约就在这段时期，发生了一件几乎没有谁能够理解的怪事。一天夜里十二点钟左右，院子里传出巨大的撞击落地的声音，动物们都匆忙冲出棚舍去查看。这一天的月色很明亮，就在写着七戒的大谷仓的端墙底下，横着一架断成两截的梯子。喉舌正趴在梯子旁，似乎是昏了过去。在他身旁还扔着一盏灯、一把油漆刷和一只打翻了的白漆桶。狗马上把喉舌围起来，等他刚刚可以站起来走路的时候，便立即把他护送回农场住宅。动物们对其中的内涵全都懵懂无知，只有本杰明已经会意似的努了努长嘴巴，好像在点头似的。他似乎已经掌握了刚才的内情，只不过并不说。

没过几天，穆里尔去给自己读七条戒律的时候，又发现动物们过去记错了其中一条。他们都以为记忆中的第五条戒律是“一切动物都不许喝酒”，但后面还有两个字他们却遗忘了。实际上这条戒律应该是：“一切动物都不许喝酒过量。”

第九章　沉沦

据说英雄的遗言是工作与忠诚

拳击手绽裂的蹄子过了好久都没有痊愈。庆祝结束后的翌日，动物们就已经投入风车的重建中。拳击手坚守在劳动的第一线，不肯闲下来一天。他强忍住剧痛，不想叫别的动物觉察；等到晚上他才悄悄告诉苜蓿，他的掌心实在疼得厉害。苜蓿就嚼烂了一些草药，敷在蹄子的创口上。她和本杰明都劝诫他别再那么卖命地工作。“马的肺禁不起一直这么消耗。”苜蓿对他说。但是拳击手根本听不进去。他说，他现在唯一期盼看到的，就是在退休之前能够见到风车顺利地建起来。

在动物农场最初制定法规的时候，关于退休年龄的规定是马和猪十二岁，牛十四岁，狗九岁，羊七岁，鸡还有鹅五岁；对不同动物的退休津贴也都分别做了规定。尽管迄今为止还没有哪个动物正式退休靠津贴过活，但最近关于退休问题的讨论越来越热烈。既然现在要把果园一侧的小围场用来种植大麦，就又有传言，说是大牧场的一角将要划拨出来，开辟为退休动物的休憩场所。据说，一匹马的养老津贴是一天五磅谷物，冬季则是十五磅干草，节日里还会发一根胡萝卜，或者一个苹果。而拳击手的十二岁生日就要在来年的夏末到来了。

这段时期，生活十分的艰苦。这一年的冬天像去年一样寒冷，而食物的短缺则更甚。除了猪和狗的食物定额没变，其他动物的食物配给量再次减少了。喉舌解释说，在食物的分配问题上，一味强调整齐划一的平等是违背动物主义原则的。无论何时，他都有办法轻而易举地向动物们证明事实上他们的粮食并没有缺口——不管表象是怎样的。当然了，眼下对食物的配给标准调整（喉舌永远称其为“调整”，绝对不用“减少”的说法）一下还是必要的，但与琼斯时代相比，生活还是大有改善的。为了证明这些话，喉舌接着就用尖锐的声音飞快地报出了一大串数字，非常细致地向大家说明比起琼斯时代他们享有了更多的燕麦、干草、胡萝卜，减少了工作时间，提高了饮水的质量，活得更长久，年轻一代的成活率也更高，棚舍里铺的稻草更厚，蹦跶的跳蚤也少多了。动物们对喉舌说的每一个字都信以为真。说实话，琼斯本人以及琼斯所代表的一切，这时都几乎已经从动物们的记忆里消失了。他们知道的只有，当前的生活拮据困窘，总是吃不饱，又总是感到寒冷，除了睡觉的时间都在干活。但过去的日子要比现在更加糟糕，这是毫无疑问的。他们情愿相信喉舌所说的这些。更何况，当初的他们是奴隶，而现在的他们都享有自由。就像喉舌总在强调的那样，这才是最根本的差距。

如今农场要喂养的动物数目大增。秋天，四头母猪差不多同时下了崽，共产下三十一头小猪。他们一出生就是黑白花的。而他们是谁的血脉也不难推测，毕竟拿破仑是农场唯一的种猪。动物们被下达了通知，过些时候，等买齐了砖瓦和木料，就要在农场住宅的花园里盖一间教室。现在就暂由拿破仑在农场住宅的厨房里对这些小猪施加教育。小猪平常都在花园里活动，不被允许同别的小动物玩耍。大约也在这段时间，一条新规定出台了：任何别的动物在路上碰到一头猪的时候，都必须站到路的一侧。再有，所有的猪，不论身份和地位，一概享有星期日在尾巴上扎绿缎带的特权。

农场这一年的收成还算得上乐观，但仍缺乏现金。盖教室要用到的砖块、沙土、石灰，还有风车配套的机械设备，都必须用现金才买得到。

此外还有农场的住宅照明用的灯油和蜡烛，拿破仑要食用的糖块（他禁止其他猪吃糖，原因是吃糖会使他们发胖），也是需要花钱去买的。再加上农场需要经常补充的工具、钉子、绳索、煤、铁丝、铁块、狗食用的饼干等，所需要的资金数额不少。一垛干草和部分收获的马铃薯已经卖掉；鸡蛋的出售合同供应的数目已经增加到每周六百个，因此这一年孵出的小鸡的数量几乎难以使鸡的总数维持在原本的水平。动物们的口粮十二月已经削减过一次，二月又一次削减。为了节省灯油，晚上棚舍里禁止点灯。然而猪的日子似乎仍然过得很舒适，最明显的是他们的体重都在不断增长。二月末的一天下午，一股动物们从未闻到过的醇厚、浓郁、令他们垂涎欲滴的香味，从厨房后边早在琼斯时代就已被废弃的小酿酒房弥散到了整个院子。有动物说，这是蒸煮大麦的气味。动物们贪婪地嗅着麦香味，暗自猜测是不是正在准备热乎乎的大麦糊给他们做晚餐。但是晚上他们并没吃到想象中的大麦糊。而就在这周的星期天，一个通告传达给动物们，说是今后所有的大麦都要供猪专用。果园的那块地也早已经种上了大麦。不久传出了这样的消息，说是现在每头猪每天可以领到一品脱啤酒的配额；拿破仑则独享半加仑的一份，每次都盛在德比王冠的瓷碗里给他。

尽管必须要忍受各种困苦，但他们现在的生活同过去相比拥有更多的尊严的这份事实足以抵消掉这一切了。农场里有了更多的歌声、演讲、集会活动。拿破仑下令每星期都要举行一次叫作“自发性游行”的集会，目的在于庆祝动物农场的斗争与建设的诸多胜利成果。在指定的时间内，动物们都要先放下手里的工作，绕着农场的边界列队行进。猪在队伍最前面带队，接着是马、牛、羊，最后是家禽。狗走在队伍两侧。走在所有动物的最前头的是那只拿破仑的黑公鸡。拳击手同苜蓿总是横扯着画着蹄子和犄角的绿色旗帜——如今上面还添上了“拿破仑同志万岁”的字样。游行完毕后，是歌颂拿破仑的诗歌朗诵。之后是喉舌的演讲，照旧是要列出一长段证明粮食增产的数据。不时还要鸣枪庆贺。绵羊对这个“自发性游行”是最热情参与的，如果有谁对这种游行口出怨言（当猪或者狗不在附近的时候，个别动物还是会趁机发牢骚的），说这是浪费时间，抱怨在寒冷中白站着受冻，这时绵羊就一定咩咩地高声大合唱“四条腿好，两条腿坏”，压下那些反对的声音。不过基本上，动物们还是喜欢这类庆祝活动的。他们乐于在这些活动中不断被提醒，他们自己真正成了自己的主人，他们所做的工作都是为了替自己谋求福利。因此，在嘹亮的歌声中，在盛大的游行队伍中，在喉舌列出的一长串数字中，在庆祝的鸣枪声中，在公鸡的啼叫声中，在飘扬的旗帜中，动物们倒也真的会忘记他们的肚子还是空着的，至少部分时间可能会忘记。

四月，动物农场宣布成立共和国。这样选出一位总统就成了必要的事。候选人只有一个，那就是拿破仑。他毫无疑问地得到了全体动物的一致推举，就任了总统的职位。在同一天，据传又有新的文件资料被发现，其揭露了雪球同琼斯狼狈为奸的更进一步的细节。现在看来，雪球并不只是如动物们原先所想象的——企图在牛棚战役中阴谋引诱大家灭亡，而是公开地与琼斯结盟，同动物们为敌。事实上，正是雪球高呼着“人类万岁”，率领人类发动了那次战争。少数动物的记忆中总是有见到雪球背上负了枪伤的印象，那其实是拿破仑用牙齿咬破的。

仲夏的时候，乌鸦摩西在销声匿迹许久之后，突然又回到了农场。他几乎没有什么变化，仍然像过去一样不参加任何劳动，照旧唱着蜜糖山的故事。摩西栖在一根树桩上，扑棱着他黑色的翅膀，对着愿意听的动物能滔滔不绝地讲上好久。“同志们，就在这上方，”他用他的大嘴巴指指天空，像模像样地郑重其事道，“在那上方，就在你们看到的那块乌云的另一侧——蜜糖山就在那儿。终有一天我们会永远地摆脱生活中艰苦的劳动，在那个理想的乐土得到最终的归宿。”他甚至声称，他曾在一次高空远距离飞行中到过那里，亲眼见到了那上边有一年四季都鲜嫩肥美的苜蓿地，还有结满亚麻子饼和方糖的树篱。很多动物相信他所描述的事。他们判断，他们现今总是处在饥饿和疲惫之中，那么难道不的确应该存在着一个比这里更美好的地方吗？难以揣测的是猪对摩西的态度。猪们都不屑地宣称摩西的蜜糖山纯粹是虚幻的谎言，然而他们又允许他留在农场，什么活也不干，每天还可以领到四分之一品脱啤酒的津贴。

拳击手在蹄子痊愈以后，比过去还要更加卖力地工作。实际上，每个动物在这一年都像个奴隶似的在干活。除了农场常规的工作和风车的二次重建之外，他们还要为猪崽们盖教室，这项工程从三月份开始动工。因为食物总是不够吃，动物都很难忍受这么长时间的劳动。但是拳击手却从来不肯懈怠。他从未在言语和行动上流露出任何体力已经大不如前的迹象。只是他的形态显露出了些许变化：他的皮毛不再像过去那样有光泽，他那壮硕的后胯也似乎有点儿抽缩。别的动物都说："等到春草长出来的时候，拳击手就会恢复强健了。"但是春草生长的时候，拳击手却依旧没有变壮。有几回拖着一块巨大的圆石块从斜坡往石矿的顶端爬时，他必须绷紧全身的肌肉才能抵住石块向下滑落的坠力，似乎他只剩下了那一如既往的不屈意志在支撑着他不倒下去。只见他的嘴唇颤颤地翕动着，好像是想要念出那句"我要更努力工作！"的座右铭，但他已经没有多余的力气将它念出声了。苜蓿和本杰明再一次告诫他要注意健康，但拳击手依旧不以为意。马上就要到他的十二岁生日了，他一心只想着在开始领退休津贴之前积累起足够多的石块，对别的事他一点儿都不在意。

夏季的一个傍晚，突然传来了消息，说是拳击手出事了。这之前他独自去了风车那边又拉了一车石头。果然，传来的消息是真的。几分钟之后两只鸽子急急地飞回来，带来消息说："拳击手倒下了！他侧卧在地上起不来了！"

农场里近乎一半的动物都跑了出去，冲向建造风车的小山丘。拳击手倒在那里，身体卡在两根辕木中间，向前伸着脖子，却没办法抬起头。他的眼神混浊呆滞，腰身已经被汗水浸透，皮毛都一块一块地粘连起来，细细的一股鲜血从他的嘴里流出来。苜蓿跪卧在他身边。

“拳击手！”她呼喊道，“你怎么样啦？”

“我的肺不行了。”拳击手的声音很微弱，“没关系，我想即便没有我，你们也能建起风车。积累的石头已经足够了。原本我也就再干上一个月了。老实说，我其实很盼望着退休那天。本杰明没准儿年纪也到了，说不定他们会让他和我同时退休，叫我俩有个伴儿。”

“我们需要立刻的救援，”苜蓿说，“快，谁跑去告诉喉舌，拳击手出事了。”

其他动物都立即跑回农场住宅，向喉舌报告这个消息。只有苜蓿和本杰明留了下来。本杰明卧在拳击手旁边，沉默着不发一言，不停甩动他的长尾巴给拳击手轰赶苍蝇。大约一刻钟后，喉舌带着满脸的同情和关怀赶到了现场。他说，拿破仑同志已经知晓此事，他对农场最忠实的一位劳动者遭受了这样的不幸感到无比的沉痛和担忧，他正在设法安排，把拳击手送到威灵顿的医院接受治疗。动物们对此感觉有些不安，除了茉莉和雪球之外，还从没有别的动物离开过农场，他们不愿意把一位患病的同志交托给人类。然而喉舌很容易就说服了他们，他说比起待在农场，在威灵顿的医院里拳击手能受到更好的治疗。大约半个小时以后，拳击手的状况稍微好转了些，他费了番力气才站起来，踉踉跄跄地走回马厩，苜蓿和本杰明已经在那儿用稻草为他铺好了舒适的铺位。

接下来的两天，拳击手就一直在马厩里歇息。猪们送来了他们从浴室药箱里找到的一大瓶粉红色药水，苜蓿负责每天两次在饭后叫拳击手服用它。到了晚上，她就卧在拳击手的厩舍里和他聊天，本杰明则在一旁替他轰赶苍蝇。拳击手诚恳地说对发生这样的事他并不觉得遗憾。

假如他康复得不错，说不定还能再活上三年。他盼望着能在大牧场的一角安享退休后的晚年生活。那将是他第一次的闲暇时光，他可以学习文化，增长自己的智力。他说，他准备在最后的余生里学会剩下的二十二个字母。

但是本杰明和苜蓿只有在收工后的时间才能陪着拳击手。而在一个他们出工中的白天，一辆运货的篷车却过来拉走了拳击手。动物们这时正在一头猪的监督下给胡萝卜地锄草。忽然，他们惊讶地看到本杰明从农场住宅的方向飞奔过来，一边还最大限度地扯直了嗓子喊叫着。动物们还是第一次看见本杰明如此激动，并且事实上，这也是他们第一次看见本杰明这样撒开蹄子狂跑。“快，快！”本杰明拼命喊道，“快过来！他们正要把拳击手拉走！”没等督工的猪下命令，大家就撂下了手里的活儿，一起急急地跑回农场棚舍。果然，院子里正停着一辆大篷的马车，两匹马在前面拉着，车身上写着什么。驾车的是一名戴着一顶低檐圆礼帽的男人，长得颇为阴险狡诈。马厩里已经没有拳击手了。

动物们围着马车，齐声地喊道：“再见，拳击手！再见啦！”

“白痴！真是白痴！”本杰明在他们周围又蹦又跳，同时不住地用他的小蹄子踢踹着地面，“你们这群白痴！你们就没看到车身上边写的是什么吗？”

动物们停下了叫喊，暂时安静下来。穆里尔开始拼读那些字，但是本杰明一下子挤开了她，接着在一片死一般的沉寂中他念道：

“‘艾尔弗雷德·西芒兹，威灵顿屠马人兼熬胶商。经销皮革和骨粉，兼供应狗食。’你们还不知道这是什么意思吗？他们要把拳击手拉到屠马场去！”

一阵恐怖的哀号声在动物中迸发出来。就在这时，驾驶马车的人扬起手中的鞭子往套车的马身上一挥，车在马的一溜小跑中被拉出了院子。所有动物们都跟在后边，竭尽全力地叫喊。苜蓿挤到最前面。马车这时加快了速度，苜蓿也拼命驱使她那粗壮的四肢加快速度，全力追了上去。“拳击手！”她大喊道，“拳击手！拳击手！拳击手！”直到这时，拳击手好像听到了外面的喧嚣声，从货车后面的小窗户里探出了他那在鼻梁上生着一长道儿白毛的面孔。

“拳击手！”苜蓿用惊惧的声音哭喊着，“拳击手！出来！快出来！他们是要拉你去死！”

动物们跟着一起哭喊道：“出来，拳击手，快出来啊！”但是马车逐渐加速，动物逐渐被抛在了后面。谁都不能确定拳击手有没有听见苜蓿的喊叫。但是不一会儿，他的脸从窗口消失了，接着车里传出巨大的马蹄踢蹬的声音。他正试图从马车里脱身。如果在过去，他只需扬起巨大的蹄子稍微踹上几脚，就能让这货车像个火柴盒似的被踢成碎片。但可悲的是今非昔比，他那超凡的力气已经不在了。渐渐地，车棚里的踢蹬的声音变弱了，直到没有动静。动物们绝望地哀求那两匹套车的马，乞求他们把车停下来。“同志，同志！”他们苦苦地哀求，“拜托你们不要把自己的兄弟拉去屠宰！”但是这两个蠢笨的畜生，完全搞不懂眼前的状况，反而向后抿起了耳朵，撒开蹄子跑远了。拳击手的脸没有从小窗户再次露出来。有的动物想赶在马车的前边关上五道门闩的大门，但太迟了。一眨眼的工夫，马们就拉着大货车冲出了大门，瞬间消失在大路上。他们再也没见到拳击手。

三天之后，动物们接到通知，尽管威灵顿医院已经为拳击手实施了对一匹马所能做到的种种最精细的治疗，但他还是不幸亡故了。这个消息由喉舌传达给大家。他说，在拳击手临终前最后几个钟头，他一直陪伴在他身边。

“那真是我曾见过的最受感动的景象！”喉舌边说道，边抬起蹄子，抹去了眼角的一滴眼泪，“我一直守在拳击手的床边，他在弥留之际几乎已经衰弱得讲不出话了。他附在我的耳边，用细微的声音告诉我，他唯一的遗憾就是再也不能见到重建的风车竣工。他絮絮地低吟着‘前进，同志们’，‘以造反之名前进！动物农场万岁！拿破仑同志万岁！拿破仑同志永远是正确的！’以上就是拳击手最后的遗言，同志们。”

讲到这里，喉舌突然变换了神色。他半晌不语，两只小眼睛闪着猜忌的光来回扫视着，然后才继续说下去。

他说，据他所知，在拳击手被送走的那段时间，一个十分荒唐并且用心歹毒的谣言传播甚广。某些动物说看到了送走拳击手的篷车车身上有“屠宰场”字样，竟然就因此不负责任地做出拳击手是被送到了屠马场的结论。喉舌说，简直难以置信，竟然会有这么愚蠢的动物。他一边左右蹦跳着，一边甩动着尾巴，同时愈发愤愤然，动物们居然对他们敬爱的领袖拿破仑同志这么的不了解！这件事的答案其实非常简单。这辆篷车先前原本是一个屠宰商的财产，但后来被兽医院买了去，只不过他们还没有来得及涂掉车上的旧名字。就是由于这样，才引起了这次误会。

听到这番回答，动物们总算放下了悬着的心。接着，喉舌又生动具体地进一步描述了一些拳击手临终时的细节，关于他受到了多么优渥的治疗和照顾，还有拿破仑是怎样慷慨地支付昂贵的医药费用，等等。于是动物们心中最后的一丝疑虑也消失了，想到自己的同志能在幸福中死去，他们也就舒缓了悲痛的心绪。

随后的那个星期日上午的集会，拿破仑亲自莅临现场，并且做了简短的发言追悼拳击手。他说，尽管由于种种复杂的原因而不能把他们亡故同志的遗体拉回农场安葬，但他已下令，用农场花园里月桂树的枝条做一个大花圈，运到拳击手的墓前摆放。此外在近几天，猪预备举办一次宴会，以纪念拳击手。拿破仑最后引用了拳击手生前常挂在嘴上的两句座右铭结束发言——“我要更努力工作”和“拿破仑同志永远是正确的”。并且他主张，每个动物都最好将这两句话铭记为自己的格言。

到了预定举行纪念宴会的那天，一辆杂货商的货车从威灵顿驶来，把一只大木箱送到了农场住宅。当晚农场的住宅传出了喧闹的歌声，随后传出嘈杂的近似激烈争吵的声响，最后到十一点钟左右的时候，一切在一阵玻璃被打碎的巨响中戛然而止。第二天直到中午之前，住宅里没有任何动静。流传着这样的消息，说猪不知道从哪里弄来了一笔钱，给自己又买了一箱威士忌。

第十章 空梦

回到最初之前，也许还更糟点

四季更迭，时光飞快地流逝，数年之后，那些寿命较短的动物都已经相继逝去了。然后到了现在，除了苜蓿、本杰明、乌鸦摩西和一些猪以外，已经没有谁还记得他们造反前究竟什么样子了。

山羊穆里尔已经死掉了，蓝铃草、杰西和平切尔三条狗也都死了。琼斯死了，他死在这个郡其他地区的一处酒徒收容所里。已经没有谁记得雪球了，拳击手也同样被遗忘了，除了几个原本就认识他的动物。苜蓿现在也老了，她的身体变得肥胖，关节变得僵硬，眼睛里总是生着黏糊糊的分泌物。两年以前她就应该退休了，然而实际上到现在为止，还没有哪一个动物按规定退休过。从前讨论的把大牧场一角划拨出来留给退休动物休憩的话题，也早就不再提了。拿破仑如今已经成了一头三百多磅重的成熟大公猪。喉舌肥胖得厉害，睁开眯在一起的眼睛都很费劲。只有毛驴本杰明几乎还是过去的模样，只是鼻子和嘴巴处的毛色变得更加灰白了些。而且自从拳击手死后，他变得愈加孤僻和沉默寡言。

现在农场动物的数目自然也在增加，尽管不如早些年预期的增长幅度那么大。对农场许多新出生的动物来说，那场造反只不过是一件口耳相传、虚无缥缈的传说。而对于那些从外面购进的动物，来到动物农场之前他们压根儿就没听过造反这种事。如今农场中除了苜蓿，又有了三匹马，他们都性情温驯、兢兢业业，都是顶好的同志——但也都极其的蠢笨。如今看来，他们中没有一个能学会B以后的字母。关于造反同动物主义宗旨的事，他们对别人的说辞全盘接受，并且深信不疑，特别是由苜蓿说的，因为他们对苜蓿怀着近乎孝顺的尊敬。只是他们究竟能听懂多少苜蓿说的，就很值得怀疑了。

现在的农场比之过去要繁荣得多，组织生产也井然有序。农场的面积也扩大了，新添置的两块地是从皮尔金顿处购得的。风车最终还是建成了，农场也已经有了自己的一台打谷机和一台码垛机，此外还加盖了种种新的建筑物。温珀也给自己购置了一辆双轮轻便小马车。只是，风车最终并没有用来发电，而是用来碾磨谷物，为农场创造了不错的效益。动物们正开始为筹建第二座风车而辛苦工作。据说，等这座风车建成，就要安装上发电机。不过，雪球以前曾一度引导动物们过的那种舒适奢华的梦想生活——为棚舍提供电灯照明，并供给冷热水，每周只工作三天——如今已经不再被谈起了。拿破仑已经批判这种想法是与动物主义精神相背离的。拿破仑说，幸福的真谛，就在于勤劳的工作和俭朴的生活。

不知是怎么回事，尽管农场看起来越来越富足，但动物们自己却一点儿也没有变得富足——当然，猪和狗不在这个范围里。或许，部分原因就在于猪和狗相当多。这并不是说，猪和狗两种动物不劳动，而是他们有自己的工作形式。正像喉舌总在解释的那样，农场的监督与组织方面的工作繁重复杂，简直不胜其烦，而其中大部分的工作是其他动物由于无知而无法理解的。例如，喉舌曾告诉动物们，猪每天都要耗费大量的精力，用来处理诸如“档案”“报告”“集会记录”“备忘录”一类神秘的事务。这些都是大张大张的纸，必须在上面写满字。等写满了以后，又要立刻扔进火炉里烧毁。喉舌说，这些都是与农场的福祉紧密相关的最重要的工作。不过迄今为止，猪和狗都没有亲身参与过农场的粮食生产劳动，而他们的数量却如此多，胃口又总是那么好。

至于其他的动物，他们知道的是他们的生活还与过去相差无几。他们普遍总是感到饥饿，仍旧睡在稻草垫上，喝池塘里的水，在地里工作，冬天感到寒冷，夏天受苍蝇的骚扰。有时候他们中年纪大些的动物也会绞尽脑汁，拼命想从蒙眬的记忆里捕捉到过去的事，试图搞清楚在造反刚成功那会儿，刚刚驱赶走琼斯的时候，日子究竟比起现在是好还是坏。但他们并不能想起些什么。他们找不到什么可以拿来同现在的生活相比较的参考物，除了喉舌列举的那一大串数据，而那些数据没有例外地总是在证明：所有的事都在变得越来越好。动物们发现没办法解决这个问题这个问题，何况，他们现在也没什么时间思索这些事。只有老本杰明声称他能够清楚地记得自己漫长一生中的每一个细节，并且认识到生活从没有也永远不会变得更好或者更糟糕。所以，饥饿、辛苦、失望是生活永远不变的规律。

尽管这样，动物们却还是没有放弃希望。不仅如此，他们甚至从来没有一瞬间丧失过身为动物农场的成员的荣誉感和优越感。这里至今仍是全国，整个英伦三岛范围内，唯一归属于动物们，并由动物自己经营管理的农场。即便是他们中最年幼的一员，或者是从距这里十英里[1]、二十英里的地方买来的新成员，也都没有一个不对这一点感到自豪光荣。当他们听到鸣枪，看见旗杆顶上飘扬的绿旗，他们的心就会难以自持地被自豪所充斥、涨满。于是话题就总是会转到过去，传说中的英雄时代——包括怎样驱逐了农场主琼斯，如何题写“七戒”，以及那些击败了来犯的人类的伟大战役。他们一直没有遗弃往日的梦想。老少校曾经预言的动物共和国，和到那时不会再有人类践踏的英格兰的绿色田野，始终是很多动物心中的信仰。总有一天，预言中的世界一定会来临的。尽管它不会马上就来，或许现在还活着的动物们在有生之年都看不到它

[1] 英美制长度单位，1 英里等于 5280 英尺，合 1.6093 公里。

的到来，但它总归会到来的。甚至就连《英格兰野兽》也可能还在农场的某处、被谁偷偷哼唱，因为事实上农场的每个动物都知道这首歌，虽然没有谁敢放开声音唱它。也许他们的生活还很艰苦，也许他们的理想也尚未完全实现，但他们意识到自己与其他动物是不一样的。如果他们忍受着饥饿，那也不是必须用粮食去供养暴虐的人类的缘故；如果他们干活辛苦，那么至少他们是为了自己而辛苦。他们中间没有谁用两条腿走路。没有哪个动物称呼任何别的动物“主人”。所有的动物都是平等的。

夏天刚到没多久的时候，喉舌领着绵羊去了农场另一边的一块长满了桦树苗的荒地。在喉舌的监督下，绵羊一整天都待在那里啃食树叶。傍晚，喉舌吩咐绵羊们，既然天气暖和了，干脆就留在那里，然后独自回到了农场住宅。结果绵羊在那里留了整整一个星期。这期间别的动物完全看不见他们的踪迹。喉舌每天的大部分时间都是和这些羊一起度过的。他说，他在教绵羊们唱一首新歌，必须保证不被干扰。

绵羊回来后不久，在一个安谧的傍晚，动物们已经收工，正在返回棚舍的路上；突然，他们听见从场院传来一匹马惊恐的嘶鸣声。动物们给吓得立时站住了，一步也不敢动。是苜蓿的声音。她再一次嘶叫起来。这回动物们再也待不住了，匆匆地奔进院子。然后，他们看到了苜蓿眼中的情景。

是一头猪正用两条后腿站着行走。

是的，那是喉舌。他走路的姿态还很笨拙，好像还不太习惯用这样的姿势支撑他肥胖的身躯。但他已经能熟练地保持平衡，从院子的一头走到另一头。不一会儿，从农场住宅的房门内走出了排成一长列的猪，都在用后腿站着行走。有的猪走得稍好些，有一两头猪走得还很不稳当，看上去似乎很需要拄根拐杖作为支撑。但是所有的猪都成功地绕着院子走了一圈。最后，在一片可怖的狗的狂叫声和尖锐的黑公鸡的啼鸣声中，拿破仑亲自走出场了。他颇有威仪地挺立着身躯，目光傲慢地扫视了下四周，护卫的狗则拥着他蹦跳着。

他的前蹄还捏着一根鞭子。

此刻，四周是死一般的寂静。动物们惊愕、恐惧着挤作一团，望着排成一长列的猪用后腿绕着院子缓慢地行走。整个世界仿佛都颠倒过来了。当动物们从最初的震惊中逐渐缓过来以后，有一瞬间——尽管对狗的狰狞凶恶心有余悸，尽管他们经年累月已经变得逆来顺受，习惯了从不抱怨，也从不批评——他们预备不管不顾地发出抗议的声音。但就在他们要开口的时候，突然间，就像是接到了谁发出的信号一样，一下子所有的绵羊爆发出咩咩的大合唱：

“四条腿好，两条腿更好！四条腿好，两条腿更好！四条腿好，两条腿更好！”

咩咩的齐叫声没有停顿地持续了五分钟。等到绵羊们完全安静下来，能够表示抗议的时机已经过去了，因为猪们已经列队走回农场住宅了。

本杰明感觉到有谁的鼻子在磨蹭他的肩。他转过头去看，原来是苜蓿。苜蓿昏花的双眼比之前的任何时候都还要更加混浊不清。她没有出声，只是轻轻地衔住本杰明的鬃毛，把他往大谷仓写着七戒的端墙那里拽。他们站在那里注视着涂了白字的柏油墙约莫一两分钟。

“我的眼睛越来越糟了，”苜蓿终于说道，“尽管我年轻的时候也认不出上面写的是什么。可我总觉得那上面跟过去似乎不大一样了。七戒还是过去的七戒吗，本杰明？”

只有这次本杰明同意打破规矩，念出了墙上的字给苜蓿听。现在那上面只写着一条戒规，再无其他的了。它是：

所有动物一律平等，
但有些动物比其他动物更加平等。

已经是这样了，第二天负责监督劳动的猪一个个都用前蹄捏着一根鞭子也就没什么好奇怪的。之后，又听说猪给他们自己购置了无线电收音机，并准备要安装一部电话，还已经订阅了《约翰牛闻》《聚焦视野》《每日镜报》，也就都没什么奇怪的。看到拿破仑叼着一支烟斗在住宅的花园里散步，动物们都不以为奇。发生任何事都没什么可大惊小怪的——甚至，有的猪从衣橱拿出琼斯先生的衣服来穿到自己身上，也同样不必奇怪。拿破仑自己就穿着黑色的外套和一条样式独特的猎裤，系上了皮绑腿，公然出现在大家面前。他最宠爱的母猪则穿着从前琼斯太太喜爱在星期日穿的一件波纹绸的连衣裙。

一星期后的一天下午，好几辆双轮小马车驶进了农场。邻近农场的几位农场主组成的一个代表团应邀来到农场观光考察。他们被带着各处参观了一圈。对看到的一切事物都高度的赞扬，特别是对那架风车。这个时间动物们正在萝卜地里锄草。他们都在辛勤地工作，总是把脸探向地面，几乎很少抬起头——不知道是更害怕猪还是更害怕这些来参观的人。

到了晚上，农场主的住宅里频频传出异常喧闹的哄笑声和唱歌的声音。突然间，动物们被这些混杂的声响给勾起了好奇心，让他们想要一探究竟：动物和人以平等的关系聚会——既然这是还从未发生过的第一次，那会是怎样一幅景象呢？大家便不约而同地，尽量不发出声音地向农场住宅的花园溜去。

在门口，他们又停下了，有些害怕继续前行。但是苜蓿带头走进了花园。他们踮着脚走到屋子跟前，个头高些的便从餐厅的窗户朝里面探望。一张长桌摆在那里，围坐着六个农场主和六头地位最高的猪。拿破仑自己独占桌子上首的荣誉主人席。猪都相当舒适自在地坐在椅子上。宾主本来都在兴致盎然地玩牌，后来暂时停下，显然是为了彼此祝酒。

一个大罐子在他们中间来回传递，酒杯中的啤酒不断填满。谁也没有注意到，一张张惊诧的脸正不眨眼地向里面探望。

福克斯伍德农场的皮尔金顿先生手举酒杯站起身来。他说，此刻他要请在座的诸位一起干杯。但在此之前，他觉得有必要先说几句话。

他说，可以感觉到的是很长一段时期以来存在的猜疑和误解都已经结束了，这实在是令他非常的欣喜和满意，而且他相信在座的诸位也必然有同样的感觉。过去有一段时间，虽然他自己和在座的各位都并不认同这种心理，但的确曾经有这么一段时间，可敬的动物农场的主人曾受到他的人类邻居的——或许可以说是某种程度的——猜疑，无论如何，他不想用“敌视”这个词。过往曾发生过一些不幸的事件，也一度流行起很多错误的观念。曾经很多人感到由猪成为一家农场的所有人并管理经营，是违反常理的不正常行为，而且很可能给周边的农场增加不安定的因素。许多农场主未做调查研究就妄自得出结论，认定在这样一个农场里会是恣意妄为、混乱无章的歪风邪气盛行当道。这些农场主担忧着，唯恐这样的风气会影响他们自己的动物，甚至手下的雇员。但现在，所有的这些疑虑都已经烟消云散了。今天，他和他的几位朋友来动物农场参观，用自己的眼睛考察了农场的方方面面。他们亲眼所见的是什么呢？这里不仅有最先进的操作流程，而且纪律严明，四处秩序井然，堪称任何地方的农场主都应该膜拜效仿的典型。他觉得他完全可以说：动物农场的下级动物比这一地区的任何动物干的活都更多，吃的食物也更少。实际上，他和同来参观的伙伴们今天亲眼见到了很多特色鲜明的地方，他们准备回去立刻就把这些特色引进到各自的农场里去。

他说，他要在讲话将结束的时候，再一次强调动物农场和它的邻居间已经建立起并应该长期维持下去的友好感情。在猪和人之间，不存在，也不应该存在任何的利害冲突。他们有共同的奋斗目标，也面临着共同的困难。劳工问题在今天不是任何地方都普遍存在的吗？说到这里，皮尔金顿先生很明显地预备突然夹进一句精心琢磨过的妙语，但还不等讲出来，他自己觉得太滑稽而发笑个没完，竭力抑制了半晌，棱状的下巴都憋得通红，最后才总算说出来了：“如果说你们有你们的下阶动物要对付，那我们则有我们的下层阶级要搞定！”这句蕴藉颇丰的妙语引得在座的所有人都大笑不止。皮尔金顿先生再一次称赞他在动物农场看见的口粮额定量低、劳动时间长、绝没有懒散懈怠发生等现象，对猪表示由衷的祝贺。

最后他说，他请在座的诸位都站起来，每个人都给自己的酒杯斟满。“在座的诸位，”皮尔金顿先生说，“诸位，让我们一起举杯，共祝动物农场繁荣昌盛！”

顿时是一片热烈的欢呼声和跺脚声。拿破仑简直欢喜得心花怒放，他离开自己的座位，绕过桌子去跟皮尔金顿先生碰杯，继而一饮而尽。等欢呼喝彩声趋于平静，始终用两条后腿站立着的拿破仑表示，他也有几句话要讲。

就和拿破仑每次的演讲一样，他这回的讲话依旧简短，但主旨清晰明确。他说，他同样为那段猜疑误解的时期的结束而感到由衷的高兴。在很长的一段时间里，流传着谣言——他有理由认为，这是居心叵测的敌人有意散播的——说在他和他的同僚的观念中具有某种颠覆性的，甚至从根本上属于革命性的内容。外界也认定他们阴谋逆反，妄图煽动邻近农场的动物兴起反叛。而这些都是完全与事实背离的谎言。不论过去还是现在，他们唯一的愿望都是同邻居和睦相处，保持正常的贸易往来。他补充说，他非常荣幸地负责监管的这个农场，是一家合作社性质的企业。由他亲自保管的那张产权书，是猪的共同所有。

他说道，他相信曾经的猜疑已经消逝了，但近日农场还是对一些日常事项加以了调整，以便进一步增强大家的信心。以前，农场的动物间有一个颇为愚蠢的惯例，那就是互称“同志”。今后这将被禁止。此外农场还有个奇怪的规定，现在已经无从知晓起源。那就是在每个星期日上午动物们必须列队经过钉在花园木桩上的一个公猪的骷髅头骨。这一陋俗也将被取缔。那块头骨已经埋起来了。还有，来访的客人们也许已经看到了旗杆上的飘扬的那面绿旗。既然如此，他们或许已经注意到，过去绘在旗面上的白色的蹄子和犄角已经都消失了。从今以后它就只是一面纯绿色的旗。

他说，对皮尔金顿先生这番洋溢着友善的精彩讲词，有一点要稍加更正说明。皮尔金顿先生贯穿他的发言，都在使用“动物农场”这个名称，皮尔金顿先生当然不知道——因为他，拿破仑，正要首次正式宣布这件事——“动物农场”这个名称已经被废除。从今以后，农场的名称恢复为“曼诺农场”。他相信这才是原本正确的名称。

“先生们，”拿破仑最后总结，“我也要像刚刚那样，请大家一起干杯，我将给大家以同样的祝词，但形式会有所改变。斟满你们的酒杯。先生们，我的祝词是‘祝曼诺农场繁荣昌盛’。”

一片热烈的喝彩声又一次爆发，宾主们都举起酒杯一饮而尽。而正在外面注视这一幕的动物们好像看到一件怪事正在发生。猪的脸究竟是起了什么变化？苜蓿睁着昏花的老眼从猪的脸上一个个扫视过去。有的脸上有五个下巴，有的有四个，有的有三个。但是，是什么似乎正在融合，正在发生变化呢？此时，欢呼喝彩的声音停下来了，宾主双方又重新拿起纸牌，继续之前中断的牌局。窗外的动物静悄悄地离开了。

但他们还没有走出二十码，又猛然停住了。吵闹的喧嚣声传了出来。他们又跑回去，再一次透过窗户朝里探望。是的，里面正激烈地吵嚷。有的在破口大骂，有的在拍打桌子，有的在用锐利的目光猜忌，有的气急败坏地在否认。而这场骚乱的源头似乎是拿破仑和皮尔金顿先生同时打出了一张黑桃 A。

十二条嗓门儿在愤怒地吼叫着，声音似乎也没有什么不同。现在不用再探究猪的脸究竟是发生了什么变化了。窗外的动物从猪看到人，再从人看到猪，又重新把目光由猪移到人，但他们再也无法分辨出，谁是猪，谁是人。

1943 年 11 月—1944 年 2 月

Animal Farm

Chapter 1

Mr. Jones, of the Manor Farm, had locked the hen-houses for the night, but was too drunk to remember to shut the pop-holes. With the ring of light from his lantern dancing from side to side, he lurched across the yard, kicked off his boots at the back door, drew himself a last glass of beer from the barrel in the scullery, and made his way up to bed, where Mrs. Jones was already snoring.

As soon as the light in the bedroom went out there was a stirring and a fluttering all through the farm buildings. Word had gone round during the day that old Major, the prize Middle White boar, had had a strange dream on the previous night and wished to communicate it to the other animals. It had been agreed that they should all meet in the big barn as soon as Mr. Jones was safely out of the way. Old Major (so he was always called, though the name under which he had been exhibited was Willingdon Beauty) was so highly regarded on the farm that everyone was quite ready to lose an hour's sleep in order to hear what he had to say.

At one end of the big barn, on a sort of raised platform, Major was already ensconced on his bed of straw, under a lantern which hung from a beam. He was twelve years old and had lately grown rather stout, but he was still a majestic-looking pig, with a wise and benevolent appearance in spite of the fact that his tushes had never been cut. Before long the other animals began to arrive and make themselves comfortable after their different fashions. First came the three dogs, Bluebell, Jessie, and Pincher, and then the pigs, who settled down in the straw immediately in front of the platform. The hens perched themselves on the window-sills, the pigeons fluttered up to the rafters, the sheep and cows lay down behind the pigs and began to chew the cud. The two cart-horses, Boxer and Clover, came in together, walking very slowly and setting down their vast hairy hoofs with great care lest there should be some small animal concealed in the straw. Clover was a stout motherly mare approaching middle life, who had never quite got her figure back after her fourth foal. Boxer was an enormous beast, nearly eighteen hands high, and as strong as any two ordinary horses put together. A white stripe down his nose gave him a somewhat stupid appearance, and in fact he was not of first-rate intelligence, but he was universally respected for his steadiness of character and tremendous powers of work. After the horses came Muriel, the white goat, and Benjamin, the donkey. Benjamin was the oldest animal on the farm, and the worst tempered. He seldom talked, and when he did, it was usually to make some cynical remark—for instance, he would say that God had given him a tail to keep the flies off, but that he would sooner have had no tail and no flies.

Alone among the animals on the farm he never laughed. If asked why, he would say that he saw nothing to laugh at. Nevertheless, without openly admitting it, he was devoted to Boxer; the two of them usually spent their Sundays together in the small paddock beyond the orchard, grazing side by side and never speaking.

The two horses had just lain down when a brood of ducklings, which had lost their mother, filed into the barn, cheeping feebly and wandering from side to side to find some place where they would not be trodden on. Clover made a sort of wall round them with her great foreleg, and the ducklings nestled down inside it and promptly fell asleep. At the last moment Mollie, the foolish, pretty white mare who drew Mr. Jones's trap, came mincing daintily in, chewing at a lump of sugar. She took a place near the front and began flirting her white mane, hoping to draw attention to the red ribbons it was plaited with. Last of all came the cat, who looked round, as usual, for the warmest place, and finally squeezed herself in between Boxer and Clover; there she purred contentedly throughout Major's speech without listening to a word of what he was saying.

All the animals were now present except Moses, the tame raven, who slept on a perch behind the back door. When Major saw that they had all made themselves comfortable and were waiting attentively, he cleared his throat and began:

"Comrades, you have heard already about the strange dream that I had last night. But I will come to the dream later. I have something else to say first. I do not think, comrades, that I shall be with you for many months longer, and before I die, I feel it my duty to pass on to you such wisdom as I have acquired. I have had a long life, I have had much time for thought as I lay alone in my stall, and I think I may say that I understand the nature of life on this earth as well as any animal now living. It is about this that I wish to speak to you.

"Now, comrades, what is the nature of this life of ours? Let us face it: our lives are miserable, laborious, and short. We are born, we are given just so much food as will keep the breath in our bodies, and those of us who are capable of it are forced to work to the last atom of our strength; and the very instant that our usefulness has come to an end we are slaughtered with hideous cruelty. No animal in England knows the meaning of happiness or leisure after he is a year old. No animal in England is free. The life of an animal is misery and slavery: that is the plain truth.

"But is this simply part of the order of nature? Is it because this land of ours is so poor that it cannot afford a decent life to those who dwell upon it? No, comrades, a thousand times no! The soil of England is fertile, its climate is good, it is capable of affording food in abundance to an enormously greater number of animals than now inhabit it. This single farm of ours would support a dozen horses, twenty cows, hundreds of sheep—and all of them living in a comfort and a dignity that are now almost beyond our imagining. Why then do we continue in this miserable condition? Because nearly the whole of the produce of our labour is stolen from us by human beings. There, comrades, is the answer to all our problems. It is summed up in a single word—Man. Man is the only real enemy we have. Remove Man from the scene, and the root cause of hunger and overwork is abolished for ever.

"Man is the only creature that consumes without producing. He does not give milk, he does not lay eggs, he is too weak to pull the plough, he cannot run fast enough to catch rabbits. Yet he is lord of all the animals. He sets them to work, he gives back to them the bare minimum that will prevent them from starving, and the rest he keeps for himself. Our labour tills the soil, our dung fertilises it, and yet there is not one of us that owns more than his bare skin. You cows that I see before me, how many thousands of gallons of milk have you given during this last year? And what has happened to that milk which should have been breeding up sturdy calves? Every drop of it has gone down the throats of our enemies. And you hens, how many eggs have you laid in this last year, and how many of those eggs ever hatched into chickens? The rest have all gone to market to bring in money for Jones and his men. And you, Clover, where are those four foals you bore, who should have been the support and pleasure of your old age? Each was sold at a year old—you will never see one of them again. In return for your four confinements and all your labour in the fields, what have you ever had except your bare rations and a stall?

"And even the miserable lives we lead are not allowed to reach their natural span. For myself I do not grumble, for I am one of the lucky ones. I am twelve years old and have had over four hundred children. Such is the natural life of a pig. But no animal escapes the cruel knife in the end. You young porkers who are sitting in front of me, every one of you will scream your lives out at the block within a year. To that horror we all must come—cows, pigs, hens, sheep, everyone. Even the horses and the dogs have no better fate. You, Boxer, the very day that those great muscles of yours lose their power, Jones will sell you to the knacker, who will cut your throat and boil you down for the foxhounds. As for the dogs, when they grow old and toothless, Jones ties a brick round their necks and drowns them in the nearest pond.

"Is it not crystal clear, then, comrades, that all the evils of this life of ours spring from the tyranny of human beings? Only get rid of Man, and the produce of our labour would be our own. Almost overnight we could become rich and free. What then must we do? Why, work night and day, body and soul, for the overthrow of the human race! That is my message to you, comrades: Rebellion! I do not know when that Rebellion will come, it might be in a week or in a hundred years, but I know, as surely as I see this straw beneath my feet, that sooner or later justice will be done. Fix your eyes on that, comrades, throughout the short remainder of your lives! And above all, pass on this message of mine to those who come after you, so that future generations shall carry on the struggle until it is victorious.

"And remember, comrades, your resolution must never falter. No argument must lead you astray. Never listen when they tell you that Man and the animals have a common interest, that the prosperity of the one is the prosperity of the others. It is all lies. Man serves the interests of no creature except himself. And among us animals let there be perfect unity, perfect comradeship in the struggle. All men are enemies. All animals are comrades."

At this moment there was a tremendous uproar. While Major was speaking four large rats had crept out of their holes and were sitting on their hindquarters, listening to him. The dogs had suddenly caught sight of them, and it was only by a swift dash for their holes that the rats saved their lives. Major raised his trotter for silence.

"Comrades," he said, "here is a point that must be settled. The wild creatures, such as rats and rabbits — are they our friends or our enemies? Let us put it to the vote. I propose this question to the meeting: Are rats comrades?"

The vote was taken at once, and it was agreed by an overwhelming majority that rats were comrades. There were only four dissentients, the three dogs and the cat, who was afterwards discovered to have voted on both sides. Major continued:

"I have little more to say. I merely repeat, remember always your duty of enmity towards Man and all his ways. Whatever goes upon two legs is an enemy. Whatever goes upon four legs, or has wings, is a friend. And remember also that in fighting against Man, we must not come to resemble him. Even when you have conquered him, do not adopt his vices. No animal must ever live in a house, or sleep in a bed, or wear clothes, or drink alcohol, or smoke tobacco, or touch money, or engage in trade. All the habits of Man are evil. And, above all, no animal must ever tyrannise over his own kind. Weak or strong, clever or simple, we are all brothers. No animal must ever kill any other animal. All animals are equal.

"And now, comrades, I will tell you about my dream of last night. I cannot describe that dream to you. It was a dream of the earth as it will be when Man has vanished. But it reminded me of something that I had long forgotten. Many years ago, when I was a little pig, my mother and the other sows used to sing an old song of which they knew only the tune and the first three words. I had known that tune in my infancy, but it had long since passed out of my mind. Last night, however, it came back to me in my dream. And what is more, the words of the song also came back—words, I am certain, which were sung by the animals of long ago and have been lost to memory for generations. I will sing you that song now, comrades. I am old and my voice is hoarse, but when I have taught you the tune, you can sing it better for yourselves. It is called 'Beasts of England'."

Old Major cleared his throat and began to sing. As he had said, his voice was hoarse, but he sang well enough, and it was a stirring tune, something between 'Clementine' and 'La Cucaracha'. The words ran:

Beasts of England, beasts of Ireland,
Beasts of every land and clime,
Hearken to my joyful tidings
Of the golden future time.
Soon or late the day is coming,
Tyrant Man shall be o'erthrown,
And the fruitful fields of England
Shall be trod by beasts alone.

Rings shall vanish from our noses,
And the harness from our back,
Bit and spur shall rust forever,
Cruel whips no more shall crack.
Riches more than mind can picture,
Wheat and barley, oats and hay,
Clover, beans, and mangel-wurzels
Shall be ours upon that day.
Bright will shine the fields of England,
Purer shall its waters be,
Sweeter yet shall blow its breezes
On the day that sets us free.
For that day we all must labour,
Though we die before it break;
Cows and horses, geese and turkeys,
All must toil for freedom's sake.
Beasts of England, beasts of Ireland,
Beasts of every land and clime,
Hearken well and spread my tidings
Of the golden future time.

The singing of this song threw the animals into the wildest excitement. Almost before Major had reached the end, they had begun singing it for themselves. Even the stupidest of them had already picked up the tune and a few of the words, and as for the clever ones, such as the pigs and dogs, they had the entire song by heart within a few minutes. And then, after a few preliminary tries, the whole farm burst out into 'Beasts of England' in tremendous unison. The cows lowed it, the dogs whined it, the sheep bleated it, the horses whinnied it, the ducks quacked it. They were so delighted with the song that they sang it right through five times in succession, and might have continued singing it all night if they had not been interrupted.

Unfortunately, the uproar awoke Mr. Jones, who sprang out of bed, making sure that there was a fox in the yard. He seized the gun which always stood in a corner of his bedroom, and let fly a charge of Number 6 shot into the darkness. The pellets buried themselves in the wall of the barn and the meeting broke up hurriedly. Everyone fled to his own sleeping-place. The birds jumped onto their perches, the animals settled down in the straw, and the whole farm was asleep in a moment.

Chapter 2

Three nights later old Major died peacefully in his sleep. His body was buried at the foot of the orchard.This was early in March. During the next three months there was much secret activity. Major's speech had given to the more intelligent animals on the farm a completely new outlook on life. They did not know when the Rebellion predicted by Major would take place, they had no reason for thinking that it would be within their own lifetime, but they saw clearly that it was their duty to prepare for it. The work of teaching and organizing the others fell naturally upon the pigs, who were generally recognised as being the cleverest of the animals. Pre-eminent among the pigs were two young boars named Snowball and Napoleon, whom Mr. Jones was breeding up for sale. Napoleon was a large, rather fierce-looking Berkshire boar, the only Berkshire on the farm, not much of a talker, but with a reputation for getting his own way. Snowball was a more vivacious pig than Napoleon, quicker in speech and more inventive, but was not considered to have the same depth of character. All the other male pigs on the farm were porkers. The best known among them was a small fat pig named Squealer, with very round cheeks, twinkling eyes, nimble movements, and a shrill voice. He was a brilliant talker, and when he was arguing some difficult point he had a way of skipping from side to side and whisking his tail which was somehow very persuasive. The others said of Squealer that he could turn black into white.

These three had elaborated old Major's teachings into a complete system of thought, to which they gave the name of Animalism. Several nights a week, after Mr. Jones was asleep, they held secret meetings in the barn and expounded the principles of Animalism to the others. At the beginning they met with much stupidity and apathy. Some of the animals talked of the duty of loyalty to Mr. Jones, whom they referred to as "Master," or made elementary remarks such as "Mr. Jones feeds us. If he were gone, we should starve to death. "Others asked such questions as "Why should we care what happens after we are dead?"or "If this Rebellion is to happen anyway, what difference does it make whether we work for it or not?", and the pigs had great difficulty in making them see that this was contrary to the spirit of Animalism. The stupidest questions of all were asked by Mollie, the white mare. The very first question she asked Snowball was: "Will there still be sugar after the Rebellion?"

"No," said Snowball firmly. "We have no means of making sugar on this farm. Besides, you do not need sugar. You will have all the oats and hay you want."

"And shall I still be allowed to wear ribbons in my mane?" asked Mollie.

"Comrade," said Snowball, "those ribbons that you are so devoted to are the badge of slavery. Can you not understand that liberty is worth more than ribbons?"

Mollie agreed, but she did not sound very convinced.

The pigs had an even harder struggle to counteract the lies put about by Moses, the tame raven. Moses, who was Mr. Jones's especial pet, was a spy and a tale-bearer, but he was also a clever talker. He claimed to know of the existence of a mysterious country called Sugarcandy Mountain, to which all animals went when they died. It was situated somewhere up in the sky, a little distance beyond the clouds, Moses said. In Sugarcandy Mountain it was Sunday seven days a week, clover was in season all the year round, and lump sugar and linseed cake grew on the hedges. The animals hated Moses because he told tales and did no work, but some of them believed in Sugarcandy Mountain, and the pigs had to argue very hard to persuade them that there was no such place.

Their most faithful disciples were the two cart-horses, Boxer and Clover. These two had great difficulty in thinking anything out for themselves, but having once accepted the pigs as their teachers, they absorbed everything that they were told, and passed it on to the other animals by simple arguments. They were unfailing in their attendance at the secret meetings in the barn, and led the singing of "Beasts of England" with which the meetings always ended.

Now, as it turned out, the Rebellion was achieved much earlier and more easily than anyone had expected. In past years Mr. Jones, although a hard master, had been a capable farmer, but of late he had fallen on evil days. He had become much disheartened after losing money in a lawsuit, and had taken to drinking more than was good for him. For whole days at a time he would lounge in his Windsor chair in the kitchen, reading the newspapers, drinking, and occasionally feeding Moses on crusts of bread soaked in beer. His men were idle and dishonest, the fields were full of weeds, the buildings wanted roofing, the hedges were neglected, and the animals were underfed.

June came and the hay was almost ready for cutting. On Midsummer's Eve, which was a Saturday, Mr. Jones went into Willingdon and got so drunk at the Red Lion that he did not come back till midday on Sunday. The men had milked the cows in the early morning and then had gone out rabbiting, without bothering to feed the animals. When Mr. Jones got back he immediately went to sleep on the drawing-room sofa with *the News of the World* over his face, so that when evening came, the animals were still unfed. At last they could stand it no longer. One of the cows broke in the door of the store-shed with her horn and all the animals began to help themselves from the bins. It was just then that Mr. Jones woke up. The next moment he and his four men were in the store-shed with whips in their hands, lashing out in all directions. This was more than the hungry animals could bear. With one accord, though nothing of the kind had been planned beforehand, they flung themselves upon their tormentors. Jones and his men suddenly found themselves being butted and kicked from all sides. The situation was quite out of their control. They had never seen animals behave like this before, and this sudden uprising of creatures whom they were used to thrashing and maltreating just as they chose, frightened them almost out of their wits. After only a moment or two they gave up trying to defend themselves and took to their heels. A minute later all five of them were in full flight down the cart-track that led to the main road, with the animals pursuing them in triumph.

Mrs. Jones looked out of the bedroom window, saw what was happening, hurriedly flung a few possessions into a carpet bag, and slipped out of the farm by another way. Moses sprang off his perch and flapped after her, croaking loudly. Meanwhile the animals had chased Jones and his men out onto the road and slammed the five-barred gate behind them. And so, almost before they knew what was happening, the Rebellion had been successfully carried through: Jones was expelled, and the Manor Farm was theirs.

For the first few minutes the animals could hardly believe in their good fortune. Their first act was to gallop in a body right round the boundaries of the farm, as though to make quite sure that no human being was hiding anywhere upon it; then they raced back to the farm buildings to wipe out the last traces of Jones's hated reign. The harness-room at the end of the stables was broken open; the bits, the nose-rings, the dog-chains, the cruel knives with which Mr. Jones had been used to castrate the pigs and lambs, were all flung down the well. The reins, the halters, the blinkers, the degrading nosebags, were thrown on to the rubbish fire which was burning in the yard. So were the whips. All the animals capered with joy when they saw the whips going up in flames. Snowball also threw on to the fire the ribbons with which the horses' manes and tails had usually been decorated on market days.

"Ribbons,"he said, "should be considered as clothes, which are the mark of a human being. All animals should go naked."

When Boxer heard this he fetched the small straw hat which he wore in summer to keep the flies out of his ears, and flung it on to the fire with the rest.

In a very little while the animals had destroyed everything that reminded them of Mr. Jones. Napoleon then led them back to the store-shed and served out a double ration of corn to everybody, with two biscuits for each dog. Then they sang "Beasts of England" from end to end seven times running, and after that they settled down for the night and slept as they had never slept before.

But they woke at dawn as usual, and suddenly remembering the glorious thing that had happened, they all raced out into the pasture together. A little way down the pasture there was a knoll that commanded a view of most of the farm. The animals rushed to the top of it and gazed round them in the clear morning light. Yes, it was theirs—everything that they could see was theirs! In the ecstasy of that thought they gambolled round and round, they hurled themselves into the air in great leaps of excitement. They rolled in the dew, they cropped mouthfuls of the sweet summer grass, they kicked up clods of the black earth and snuffed its rich scent. Then they made a tour of inspection of the whole farm and surveyed with speechless admiration the ploughland, the hayfield, the orchard, the pool, the spinney. It was as though they had never seen these things before, and even now they could hardly believe that it was all their own.

Then they filed back to the farm buildings and halted in silence outside the door of the farmhouse. That was theirs too, but they were frightened to go inside. After a moment, however, Snowball and Napoleon butted the door open with their shoulders and the animals entered in single file, walking with the utmost care for fear of disturbing anything. They tiptoed from room to room, afraid to speak above a whisper and gazing with a kind of awe at the unbelievable luxury, at the beds with their feather mattresses, the looking-glasses, the horsehair sofa, the Brussels carpet, the lithograph of Queen Victoria over the drawing-room mantelpiece. They were lust coming down the stairs when Mollie was discovered to be missing. Going back, the others found that she had remained behind in the best bedroom. She had taken a piece of blue ribbon from Mrs. Jones's dressing-table, and was holding it against her shoulder and admiring herself in the glass in a very foolish manner. The others reproached her sharply, and they went outside. Some hams hanging in the kitchen were taken out for burial, and the barrel of beer in the scullery was stove in with a kick from Boxer's hoof, otherwise nothing in the house was touched. A unanimous resolution was passed on the spot that the farmhouse should be preserved as a museum. All were agreed that no animal must ever live there.

The animals had their breakfast, and then Snowball and Napoleon called them together again.

"Comrades," said Snowball, "it is half-past six and we have a long day before us. Today we begin the hay harvest. But there is another matter that must be attended to first."

The pigs now revealed that during the past three months they had taught themselves to read and write from an old spelling book which had belonged to Mr. Jones's children and which had been thrown on the rubbish heap. Napoleon sent for pots of black and white paint and led the way down to the five-barred gate that gave on to the main road. Then Snowball (for it was Snowball who was best at writing) took a brush between the two knuckles of his trotter, painted out MANOR FARM from the top bar of the gate and in its place painted ANIMAL FARM. This was to be the name of the farm from now onwards. After this they went back to the farm buildings, where Snowball and Napoleon sent for a ladder which they caused to be set against the end wall of the big barn. They explained that by their studies of the past three months the pigs had succeeded in reducing the principles of Animalism to Seven Commandments. These Seven Commandments would now be inscribed on the wall; they would form an unalterable law by which all the animals on Animal Farm must live for ever after. With some difficulty (for it is not easy for a pig to balance himself on a ladder) Snowball climbed up and set to work, with Squealer a few rungs below him holding the paint-pot. The Commandments were written on the tarred wall in great white letters that could be read thirty yards away. They ran thus:

THE SEVEN COMMANDMENTS

1. Whatever goes upon two legs is an enemy.

2. Whatever goes upon four legs, or has wings, is a friend.

3. No animal shall wear clothes.

4. No animal shall sleep in a bed.

5. No animal shall drink alcohol.

6. No animal shall kill any other animal.

7. All animals are equal.

It was very neatly written, and except that "friend" was written "freind" and one of the "S's" was the wrong way round, the spelling was correct all the way through. Snowball read it aloud for the benefit of the others. All the animals nodded in complete agreement, and the cleverer ones at once began to learn the Commandments by heart.

"Now, comrades," cried Snowball, throwing down the paint-brush, "to the hayfield! Let us make it a point of honour to get in the harvest more quickly than Jones and his men could do."

But at this moment the three cows, who had seemed uneasy for some time past, set up a loud lowing. They had not been milked for twenty-four hours, and their udders were almost bursting. After a little thought, the pigs sent for buckets and milked the cows fairly successfully, their trotters being well adapted to this task. Soon there were five buckets of frothing creamy milk at which many of the animals looked with considerable interest.

"What is going to happen to all that milk?" said someone.

"Jones used sometimes to mix some of it in our mash," said one of the hens.

"Never mind the milk, comrades!" cried Napoleon, placing himself in front of the buckets. "That will be attended to. The harvest is more important. Comrade Snowball will lead the way. I shall follow in a few minutes. Forward, comrades! The hay is waiting."

So the animals trooped down to the hayfield to begin the harvest, and when they came back in the evening it was noticed that the milk had disappeared.

Chapter 3

How they toiled and sweated to get the hay in! But their efforts were rewarded, for the harvest was an even bigger success than they had hoped.

Sometimes the work was hard; the implements had been designed for human beings and not for animals, and it was a great drawback that no animal was able to use any tool that involved standing on his hind legs. But the pigs were so clever that they could think of a way round every difficulty. As for the horses, they knew every inch of the field, and in fact understood the business of mowing and raking far better than Jones and his men had ever done. The pigs did not actually work, but directed and supervised the others. With their superior knowledge it was natural that they should assume the leadership. Boxer and Clover would harness themselves to the cutter or the horse-rake (no bits or reins were needed in these days, of course) and tramp steadily round and round the field with a pig walking behind and calling out "Gee up, comrade!" or "Whoa back, comrade!" as the case might be. And every animal down to the humblest worked at turning the hay and gathering it. Even the ducks and hens toiled to and fro all day in the sun, carrying tiny wisps of hay in their beaks. In the end they finished the harvest in two days' less time than it had usually taken Jones and his men. Moreover, it was the biggest harvest that the farm had ever seen. There was no wastage whatever; the hens and ducks with their sharp eyes had gathered up the very last stalk. And not an animal on the farm had stolen so much as a mouthful.

All through that summer the work of the farm went like clockwork. The animals were happy as they had never conceived it possible to be. Every mouthful of food was an acute positive pleasure, now that it was truly their own food, produced by themselves and for themselves, not doled out to them by a grudging master. With the worthless parasitical human beings gone, there was more for everyone to eat. There was more leisure too, inexperienced though the animals were. They met with many difficulties—for instance, later in the year, when they harvested the corn, they had to tread it out in the ancient style and blow away the chaff with their breath, since the farm possessed no threshing machine—but the pigs with their cleverness and Boxer with his tremendous muscles always pulled them through. Boxer was the admiration of everybody. He had been a hard worker even in Jones's time, but now he seemed more like three horses than one; there were days when the entire work of the farm seemed to rest on his mighty shoulders. From morning to night he was pushing and pulling, always at the spot where the work was hardest. He had made an arrangement with one of the cockerels to call him in the mornings half an hour earlier than anyone else, and would put in some volunteer labour at whatever seemed to be most needed, before the regular day's work began. His answer to every problem, every setback, was "I will work harder!"—which he had adopted as his personal motto.

But everyone worked according to his capacity The hens and ducks, for instance, saved five bushels of corn at the harvest by gathering up the stray grains. Nobody stole, nobody grumbled over his rations, the quarrelling and biting and jealousy which had been normal features of life in the old days had almost disappeared. Nobody shirked—or almost nobody. Mollie, it was true, was not good at getting up in the mornings, and had a way of leaving work early on the ground that there was a stone in her hoof. And the behaviour of the cat was somewhat peculiar. It was soon noticed that when there was work to be done the cat could never be found. She would vanish for hours on end, and then reappear at meal-times, or in the evening after work was over, as though nothing had happened. But she always made such excellent excuses, and purred so affectionately, that it was impossible not to believe in her good intentions. Old Benjamin, the donkey, seemed quite unchanged since the Rebellion. He did his work in the same slow obstinate way as he had done it in Jones's time, never shirking and never volunteering for extra work either. About the Rebellion and its results he would express no opinion. When asked whether he was not happier now that Jones was gone, he would say only "Donkeys live a long time. None of you has ever seen a dead donkey," and the others had to be content with this cryptic answer.

On Sundays there was no work. Breakfast was an hour later than usual, and after breakfast there was a ceremony which was observed every week without fail. First came the hoisting of the flag. Snowball had found in the harness-room an old green tablecloth of Mrs. Jones's and had painted on it a hoof and a horn in white. This was run up the flagstaff in the farmhouse garden every Sunday morning. The flag was green, Snowball explained, to represent the green fields of England, while the hoof and horn signified the future Republic of the Animals which would arise when the human race had been finally overthrown. After the hoisting of the flag all the animals trooped into the big barn for a general assembly which was known as the Meeting. Here the work of the coming week was planned out and resolutions were put forward and debated. It was always the pigs who put forward the resolutions. The other animals understood how to vote, but could never think of any resolutions of their own. Snowball and Napoleon were by far the most active in the debates. But it was noticed that these two were never in agreement: whatever suggestion either of them made, the other could be counted on to oppose it. Even when it was resolved—a thing no one could object to in itself—to set aside the small paddock behind the orchard as a home of rest for animals who were past work, there was a stormy debate over the correct retiring age for each class of animal. The Meeting always ended with the singing of 'Beasts of England', and the afternoon was given up to recreation.

The pigs had set aside the harness-room as a headquarters for themselves. Here, in the evenings, they studied blacksmithing, carpentering, and other necessary arts from books which they had brought out of the farmhouse. Snowball also busied himself with organising the other animals into what he called Animal Committees. He was indefatigable at this. He formed the Egg Production Committee for the hens, the Clean Tails League for the cows, the Wild Comrades' Re-education Committee (the object of this was to tame the rats and rabbits), the Whiter Wool Movement for the sheep, and various others, besides instituting classes in reading and writing. On the whole, these projects were a failure. The attempt to tame the wild creatures, for instance, broke down almost immediately. They continued to behave very much as before, and when treated with generosity, simply took advantage of it. The cat joined the Re-education Committee and was very active in it for some days. She was seen one day sitting on a roof and talking to some sparrows who were just out of her reach. She was telling them that all animals were now comrades and that any sparrow who chose could come and perch on her paw; but the sparrows kept their distance.

The reading and writing classes, however, were a great success. By the autumn almost every animal on the farm was literate in some degree.

As for the pigs, they could already read and write perfectly. The dogs learned to read fairly well, but were not interested in reading anything except the Seven Commandments. Muriel, the goat, could read somewhat better than the dogs, and sometimes used to read to the others in the evenings from scraps of newspaper which she found on the rubbish heap. Benjamin could read as well as any pig, but never exercised his faculty. So far as he knew, he said, there was nothing worth reading. Clover learnt the whole alphabet, but could not put words together. Boxer could not get beyond the letter D. He would trace out A, B, C, D in the dust with his great hoof, and then would stand staring at the letters with his ears back, sometimes shaking his forelock, trying with all his might to remember what came next and never succeeding. On several occasions, indeed, he did learn E, F, G, H, but by the time he knew them, it was always discovered that he had forgotten A, B, C, and D. Finally he decided to be content with the first four letters, and used to write them out once or twice every day to refresh his memory. Mollie refused to learn any but the six letters which spelt her own name. She would form these very neatly out of pieces of twig, and would then decorate them with a flower or two and walk round them admiring them.

None of the other animals on the farm could get further than the letter A. It was also found that the stupider animals, such as the sheep, hens, and ducks, were unable to learn the Seven Commandments by heart. After much thought Snowball declared that the Seven Commandments could in effect be reduced to a single maxim, namely: "Four legs good, two legs bad." This, he said, contained the essential principle of Animalism. Whoever had thoroughly grasped it would be safe from human influences. The birds at first objected, since it seemed to them that they also had two legs, but Snowball proved to them that this was not so.

"A bird's wing, comrades," he said, "is an organ of propulsion and not of manipulation. It should therefore be regarded as a leg. The distinguishing mark of man is the HAND, the instrument with which he does all his mischief."

The birds did not understand Snowball's long words, but they accepted his explanation, and all the humbler animals set to work to learn the new maxim by heart. FOUR LEGS GOOD, TWO LEGS BAD, was inscribed on the end wall of the barn, above the Seven Commandments and in bigger letters. When they had once got it by heart, the sheep developed a great liking for this maxim, and often as they lay in the field they would all start bleating "Four legs good, two legs bad! Four legs good, two legs bad!" and keep it up for hours on end, never growing tired of it.

Napoleon took no interest in Snowball's committees. He said that the education of the young was more important than anything that could be done for those who were already grown up. It happened that Jessie and Bluebell had both whelped soon after the hay harvest, giving birth between them to nine sturdy puppies. As soon as they were weaned, Napoleon took them away from their mothers, saying that he would make himself responsible for their education. He took them up into a loft which could only be reached by a ladder from the harness-room, and there kept them in such seclusion that the rest of the farm soon forgot their existence.

The mystery of where the milk went to was soon cleared up. It was mixed every day into the pigs' mash. The early apples were now ripening, and the grass of the orchard was littered with windfalls. The animals had assumed as a matter of course that these would be shared out equally; one day, however, the order went forth that all the windfalls were to be collected and brought to the harness-room for the use of the pigs. At this some of the other animals murmured, but it was no use. All the pigs were in full agreement on this point, even Snowball and Napoleon. Squealer was sent to make the necessary explanations to the others.

"Comrades!" he cried. "You do not imagine, I hope, that we pigs are doing this in a spirit of selfishness and privilege? Many of us actually dislike milk and apples. I dislike them myself. Our sole object in taking these things is to preserve our health. Milk and apples (this has been proved by Science, comrades) contain substances absolutely necessary to the well-being of a pig. We pigs are brainworkers. The whole management and organisation of this farm depend on us. Day and night we are watching over your welfare. It is for *your* sake that we drink that milk and eat those apples. Do you know what would happen if we pigs failed in our duty? Jones would come back! Yes, Jones would come back! Surely, comrades," cried Squealer almost pleadingly, skipping from side to side and whisking his tail, "surely there is no one among you who wants to see Jones come back?"

Now if there was one thing that the animals were completely certain of, it was that they did not want Jones back. When it was put to them in this light, they had no more to say. The importance of keeping the pigs in good health was all too obvious. So it was agreed without further argument that the milk and the windfall apples (and also the main crop of apples when they ripened) should be reserved for the pigs alone.

Chapter 4

By the late summer the news of what had happened on Animal Farm had spread across half the county. Every day Snowball and Napoleon sent out flights of pigeons whose instructions were to mingle with the animals on neighbouring farms, tell them the story of the Rebellion, and teach them the tune of "Beasts of England".

Most of this time Mr. Jones had spent sitting in the taproom of the Red Lion at Willingdon, complaining to anyone who would listen of the monstrous injustice he had suffered in being turned out of his property by a pack of good-for-nothing animals. The other farmers sympathised in principle, but they did not at first give him much help. At heart, each of them was secretly wondering whether he could not somehow turn Jones's misfortune to his own advantage. It was lucky that the owners of the two farms which adjoined Animal Farm were on permanently bad terms. One of them, which was named Foxwood, was a large, neglected, old-fashioned farm, much overgrown by woodland, with all its pastures worn out and its hedges in a disgraceful condition. Its owner, Mr.

Pilkington, was an easy-going gentleman farmer who spent most of his time in fishing or hunting according to the season. The other farm, which was called Pinchfield, was smaller and better kept. Its owner was a Mr. Frederick, a tough, shrewd man, perpetually involved in lawsuits and with a name for driving hard bargains. These two disliked each other so much that it was difficult for them to come to any agreement, even in defence of their own interests.

Nevertheless, they were both thoroughly frightened by the rebellion on Animal Farm, and very anxious to prevent their own animals from learning too much about it. At first they pretended to laugh to scorn the idea of animals managing a farm for themselves. The whole thing would be over in a fortnight, they said. They put it about that the animals on the Manor Farm (they insisted on calling it the Manor Farm; they would not tolerate the name "Animal Farm") were perpetually fighting among themselves and were also rapidly starving to death. When time passed and the animals had evidently not starved to death, Frederick and Pilkington changed their tune and began to talk of the terrible wickedness that now flourished on Animal Farm. It was given out that the animals there practised cannibalism, tortured one another with red-hot horseshoes, and had their females in common. This was what came of rebelling against the laws of Nature, Frederick and Pilkington said.

However, these stories were never fully believed. Rumours of a wonderful farm, where the human beings had been turned out and the animals managed their own affairs, continued to circulate in vague and distorted forms, and throughout that year a wave of rebelliousness ran through the countryside. Bulls which had always been tractable suddenly turned savage, sheep broke down hedges and devoured the clover, cows kicked the pail over, hunters refused their fences and shot their riders on to the other side. Above all, the tune and even the words of 'Beasts of England' were known everywhere. It had spread with astonishing speed. The human beings could not contain their rage when they heard this song, though they pretended to think it merely ridiculous. They could not understand, they said, how even animals could bring themselves to sing such contemptible rubbish. Any animal caught singing it was given a flogging on the spot. And yet the song was irrepressible. The blackbirds whistled it in the hedges, the pigeons cooed it in the elms, it got into the din of the smithies and the tune of the church bells. And when the human beings listened to it, they secretly trembled, hearing in it a prophecy of their future doom.

Early in October, when the corn was cut and stacked and some of it was already threshed, a flight of pigeons came whirling through the air and alighted in the yard of Animal Farm in the wildest excitement. Jones and all his men, with half a dozen others from Foxwood and Pinchfield, had entered the five-barred gate and were coming up the cart-track that led to the farm. They were all carrying sticks, except Jones, who was marching ahead with a gun in his hands. Obviously they were going to attempt the recapture of the farm.

This had long been expected, and all preparations had been

made. Snowball, who had studied an old book of Julius Caesar's campaigns which he had found in the farmhouse, was in charge of the defensive operations. He gave his orders quickly, and in a couple of minutes every animal was at his post.

As the human beings approached the farm buildings, Snowball launched his first attack. All the pigeons, to the number of thirty-five, flew to and fro over the men's heads and muted upon them from mid-air; and while the men were dealing with this, the geese, who had been hiding behind the hedge, rushed out and pecked viciously at the calves of their legs. However, this was only a light skirmishing manoeuvre, intended to create a little disorder, and the men easily drove the geese off with their sticks. Snowball now launched his second line of attack. Muriel, Benjamin, and all the sheep, with Snowball at the head of them, rushed forward and prodded and butted the men from every side, while Benjamin turned around and lashed at them with his small hoofs. But once again the men, with their sticks and their hobnailed boots, were too strong for them; and suddenly, at a squeal from Snowball, which was the signal for retreat, all the animals turned and fled through the gateway into the yard.

The men gave a shout of triumph. They saw, as they imagined, their enemies in flight, and they rushed after them in disorder. This was just what Snowball had intended. As soon as they were well inside the yard, the three horses, the three cows, and the rest of the pigs, who had been lying in ambush in the cowshed, suddenly emerged in their rear, cutting them off. Snowball now gave the signal for the charge. He himself dashed straight for Jones. Jones saw him coming, raised his gun and fired. The pellets scored bloody streaks along Snowball's back, and a sheep dropped dead. Without halting for an instant, Snowball flung his fifteen stone against Jones's legs. Jones was hurled into a pile of dung and his gun flew out of his hands. But the most terrifying spectacle of all was Boxer, rearing up on his hind legs and striking out with his great iron-shod hoofs like a stallion. His very first blow took a stable-lad from Foxwood on the skull and stretched him lifeless in the mud. At the sight, several men dropped their sticks and tried to run. Panic overtook them, and the next moment all the animals together were chasing them round and round the yard. They were gored, kicked, bitten, trampled on. There was not an animal on the farm that did not take vengeance on them after his own fashion. Even the cat suddenly leapt off a roof onto a cowman's shoulders and sank her claws in his neck, at which he yelled horribly. At a moment when the opening was clear, the men were glad enough to rush out of the yard and make a bolt for the main road. And so within five minutes of their invasion they were in ignominious retreat by the same way as they had come, with a flock of geese hissing after them and pecking at their calves all the way.

All the men were gone except one. Back in the yard Boxer was pawing with his hoof at the stable-lad who lay face down in the mud, trying to turn him over. The boy did not stir.

"He is dead," said Boxer sorrowfully. "I had no intention of doing that. I forgot that I was wearing iron shoes. Who will believe that I did not do this on purpose?"

"No sentimentality, comrade!" cried Snowball, from whose wounds the blood was still dripping. "War is war. The only good human being is a dead one."

"I have no wish to take life, not even human life,"repeated Boxer, and his eyes were full of tears.

"Where is Mollie?" exclaimed somebody.

Mollie in fact was missing. For a moment there was great alarm; it was feared that the men might have harmed her in some way, or even carried her off with them. In the end, however, she was found hiding in her stall with her head buried among the hay in the manger. She had taken to flight as soon as the gun went off. And when the others came back from looking for her, it was to find that the stable-lad, who in fact was only stunned, had already recovered and made off.

The animals had now reassembled in the wildest excitement, each recounting his own exploits in the battle at the top of his voice. An impromptu celebration of the victory was held immediately. The flag was run up and "Beasts of England" was sung a number of times, then the sheep who had been killed was given a solemn funeral, a hawthorn bush being planted on her grave. At the graveside Snowball made a little speech, emphasising the need for all animals to be ready to die for Animal Farm if need be.

The animals decided unanimously to create a military decoration, "Animal Hero, First Class," which was conferred there and then on Snowball and Boxer. It consisted of a brass medal (they were really some old horse-brasses which had been found in the harness-room), to be worn on Sundays and holidays. There was also "Animal Hero, Second Class," which was conferred posthumously on the dead sheep.

There was much discussion as to what the battle should be called. In the end, it was named the Battle of the Cowshed, since that was where the ambush had been sprung. Mr. Jones's gun had been found lying in the mud, and it was known that there was a supply of cartridges in the farmhouse. It was decided to set the gun up at the foot of the Flagstaff, like a piece of artillery, and to fire it twice a year—once on October the twelfth, the anniversary of the Battle of the Cowshed, and once on Midsummer Day, the anniversary of the Rebellion.

Chapter 5

As winter drew on, Mollie became more and more troublesome. She was late for work every morning and excused herself by saying that she had overslept, and she complained of mysterious pains, although her appetite was excellent. On every kind of pretext she would run away from work and go to the drinking pool, where she would stand foolishly gazing at her own reflection in the water. But there were also rumours of something more serious. One day, as Mollie strolled blithely into the yard, flirting her long tail and chewing at a stalk of hay, Clover took her aside.

"Mollie," she said, "I have something very serious to say to you. This morning I saw you looking over the hedge that divides Animal Farm from Foxwood. One of Mr. Pilkington's men was standing on the other side of the hedge. And—I was a long way away, but I am almost certain I saw this—he was talking to you and you were allowing him to stroke your nose. What does that mean, Mollie?"

"He didn't! I wasn't! It isn't true!" cried Mollie, beginning to prance about and paw the ground.

"Mollie! Look me in the face. Do you give me your word of honour that that man was not stroking your nose?"

"It isn't true!" repeated Mollie, but she could not look Clover in the face, and the next moment she took to her heels and galloped away into the field.

A thought struck Clover. Without saying anything to the others, she went to Mollie's stall and turned over the straw with her hoof. Hidden under the straw was a little pile of lump sugar and several bunches of ribbon of different colours.

Three days later Mollie disappeared. For some weeks nothing was known of her whereabouts, then the pigeons reported that they had seen her on the other side of Willingdon. She was between the shafts of a smart dogcart painted red and black, which was standing outside a public-house. A fat red-faced man in check breeches and gaiters, who looked like a publican, was stroking her nose and feeding her with sugar. Her coat was newly clipped and she wore a scarlet ribbon round her forelock. She appeared to be enjoying herself, so the pigeons said. None of the animals ever mentioned Mollie again.

In January there came bitterly hard weather. The earth was like iron, and nothing could be done in the fields. Many meetings were held in the big barn, and the pigs occupied themselves with planning out the work of the coming season. It had come to be accepted that the pigs, who were manifestly cleverer than the other animals, should decide all questions of farm policy, though their decisions had to be ratified by a majority vote. This arrangement would have worked well enough if it had not been for the disputes between Snowball and Napoleon. These two disagreed at every point where disagreement was possible. If one of them suggested sowing a bigger acreage with barley, the other was certain to demand a bigger acreage of oats, and if one of them said that such and such a field was just right for cabbages, the other would declare that it was useless for anything except roots. Each had his own following, and there were some violent debates. At the Meetings Snowball often won over the majority by his brilliant speeches, but Napoleon was better at canvassing support for himself in between times. He was especially successful with the sheep. Of late the sheep had taken to bleating "Four legs good, two legs bad" both in and out of season, and they often interrupted the Meeting with this. It was noticed that they were especially liable to break into "Four legs good, two legs bad" at crucial moments in Snowball's speeches. Snowball had made a close study of some back numbers of the 'Farmer and Stockbreeder' which he had found in the farmhouse, and was full of plans for innovations and improvements. He talked learnedly about field drains, silage, and basic slag, and had worked out a complicated scheme for all the animals to drop their dung directly in the fields, at a different spot every day, to save the labour of cartage. Napoleon produced no schemes of his own, but said quietly that Snowball's would come to nothing, and seemed to be biding his time. But of all their controversies, none was so bitter as the one that took place over the windmill.

In the long pasture, not far from the farm buildings, there

was a small knoll which was the highest point on the farm. After surveying the ground, Snowball declared that this was just the place for a windmill, which could be made to operate a dynamo and supply the farm with electrical power. This would light the stalls and warm them in winter, and would also run a circular saw, a chaff-cutter, a mangel-slicer, and an electric milking machine. The animals had never heard of anything of this kind before (for the farm was an old-fashioned one and had only the most primitive machinery), and they listened in astonishment while Snowball conjured up pictures of fantastic machines which would do their work for them while they grazed at their ease in the fields or improved their minds with reading and conversation.

Within a few weeks Snowball's plans for the windmill were fully worked out. The mechanical details came mostly from three books which had belonged to Mr. Jones—*One Thousand Useful Things to Do About the House*, *Every Man His Own Bricklayer*, and *Electricity for Beginners*. Snowball used as his study a shed which had once been used for incubators and had a smooth wooden floor, suitable for drawing on. He was closeted there for hours at a time. With his books held open by a stone, and with a piece of chalk gripped between the knuckles of his trotter, he would move rapidly to and fro, drawing in line after line and uttering little whimpers of excitement. Gradually the plans grew into a complicated mass of cranks and cog-wheels, covering more than half the floor, which the other animals found completely unintelligible but very impressive. All of them came to look at Snowball's drawings at least once a day.

Even the hens and ducks came, and were at pains not to tread on the chalk marks. Only Napoleon held aloof. He had declared himself against the windmill from the start. One day, however, he arrived unexpectedly to examine the plans. He walked heavily round the shed, looked closely at every detail of the plans and snuffed at them once or twice, then stood for a little while contemplating them out of the corner of his eye; then suddenly he lifted his leg, urinated over the plans, and walked out without uttering a word.

The whole farm was deeply divided on the subject of the windmill. Snowball did not deny that to build it would be a difficult business. Stone would have to be quarried and built up into walls, then the sails would have to be made and after that there would be need for dynamos and cables. (How these were to be procured, Snowball did not say.) But he maintained that it could all be done in a year. And thereafter, he declared, so much labour would be saved that the animals would only need to work three days a week. Napoleon, on the other hand, argued that the great need of the moment was to increase food production, and that if they wasted time on the windmill they would all starve to death. The animals formed themselves into two factions under the slogan, "Vote for Snowball and the three-day week" and "Vote for Napoleon and the full manger." Benjamin was the only animal who did not side with either faction. He refused to believe either that food would become more plentiful or that the windmill would save work. Windmill or no windmill, he said, life would go on as it had always gone on—that is, badly.

Apart from the disputes over the windmill, there was the question of the defence of the farm. It was fully realised that though the human beings had been defeated in the Battle of the Cowshed they might make another and more determined attempt to recapture the farm and reinstate Mr. Jones. They had all the more reason for doing so because the news of their defeat had spread across the countryside and made the animals on the neighbouring farms more restive than ever. As usual, Snowball and Napoleon were in disagreement. According to Napoleon, what the animals must do was to procure firearms and train themselves in the use of them. According to Snowball, they must send out more and more pigeons and stir up rebellion among the animals on the other farms. The one argued that if they could not defend themselves they were bound to be conquered, the other argued that if rebellions happened everywhere they would have no need to defend themselves. The animals listened first to Napoleon, then to Snowball, and could not make up their minds which was right; indeed, they always found themselves in agreement with the one who was speaking at the moment.

At last the day came when Snowball's plans were completed. At the Meeting on the following Sunday the question of whether or not to begin work on the windmill was to be put to the vote. When the animals had assembled in the big barn, Snowball stood up and, though occasionally interrupted by bleating from the sheep, set forth his reasons for advocating the building of the windmill. Then Napoleon stood up to reply. He said very quietly that the windmill was nonsense and that he advised nobody to vote for it, and promptly sat down again; he had spoken for barely thirty seconds, and seemed almost indifferent as to the effect he produced. At this Snowball sprang to his feet, and shouting down the sheep, who had begun bleating again, broke into a passionate appeal in favour of the windmill. Until now the animals had been about equally divided in their sympathies, but in a moment Snowball's eloquence had carried them away. In glowing sentences he painted a picture of Animal Farm as it might be when sordid labour was lifted from the animals' backs. His imagination had now run far beyond chaff-cutters and turnip-slicers. Electricity, he said, could operate threshing machines, ploughs, harrows, rollers, and reapers and binders, besides supplying every stall with its own electric light, hot and cold water, and an electric heater. By the time he had finished speaking, there was no doubt as to which way the vote would go. But just at this moment Napoleon stood up and, casting a peculiar sidelong look at Snowball, uttered a high-pitched whimper of a kind no one had ever heard him utter before.

At this there was a terrible baying sound outside, and nine enormous dogs wearing brass-studded collars came bounding into the barn. They dashed straight for Snowball, who only sprang from his place just in time to escape their snapping jaws. In a moment he was out of the door and they were after him. Too amazed and frightened to speak, all the animals crowded through the door to watch the chase. Snowball was racing across the long pasture that led to the road. He was running as only a pig can run, but the dogs were close on his heels. Suddenly he slipped and it seemed certain that they had him. Then he was up again, running faster than ever, then the dogs were gaining on him again. One of them all but closed his jaws on Snowball's tail, but Snowball whisked it free just in time. Then he put on an extra spurt and, with a few inches to spare, slipped through a hole in the hedge and was seen no more.

Silent and terrified, the animals crept back into the barn. In a moment the dogs came bounding back. At first no one had been able to imagine where these creatures came from, but the problem was soon solved: they were the puppies whom Napoleon had taken away from their mothers and reared privately. Though not yet full-grown, they were huge dogs, and as fierce-looking as wolves. They kept close to Napoleon. It was noticed that they wagged their tails to him in the same way as the other dogs had been used to do to Mr. Jones.

Napoleon, with the dogs following him, now mounted on to the raised portion of the floor where Major had previously stood to deliver his speech. He announced that from now on the Sunday-morning Meetings would come to an end. They were unnecessary, he said, and wasted time. In future all questions relating to the working of the farm would be settled by a special committee of pigs, presided over by himself. These would meet in private and afterwards communicate their decisions to the others. The animals would still assemble on Sunday mornings to salute the flag, sing 'Beasts of England', and receive their orders for the week; but there would be no more debates.

In spite of the shock that Snowball's expulsion had given them, the animals were dismayed by this announcement. Several of them would have protested if they could have found the right arguments. Even Boxer was vaguely troubled. He set his ears back, shook his forelock several times, and tried hard to marshal his thoughts; but in the end he could not think of anything to say. Some of the pigs themselves, however, were more articulate. Four young porkers in the front row uttered shrill squeals of disapproval, and all four of them sprang to their feet and began speaking at once. But suddenly the dogs sitting round Napoleon let out deep, menacing growls, and the pigs fell silent and sat down again. Then the sheep broke out into a tremendous bleating of "Four legs good, two legs bad!" which went on for nearly a quarter of an hour and put an end to any chance of discussion.

Afterwards Squealer was sent round the farm to explain the new arrangement to the others.

"Comrades," he said, "I trust that every animal here appreciates the sacrifice that Comrade Napoleon has made in taking this extra labour upon himself. Do not imagine, comrades, that leadership is a pleasure! On the contrary, it is a deep and heavy responsibility. No one believes more firmly than Comrade Napoleon that all animals are equal. He would be only too happy to let you make your decisions for yourselves. But sometimes you might make the wrong decisions, comrades, and then where should we be? Suppose you had decided to follow Snowball, with his moonshine of windmills — Snowball, who, as we now know, was no better than a criminal?"

"He fought bravely at the Battle of the Cowshed," said somebody.

"Bravery is not enough," said Squealer. "Loyalty and obedience are more important. And as to the Battle of the Cowshed, I believe the time will come when we shall find that Snowball's part in it was much exaggerated. Discipline, comrades, iron discipline! That is the watchword for today. One false step, and our enemies would be upon us. Surely, comrades, you do not want Jones back?"

Once again this argument was unanswerable. Certainly the animals did not want Jones back; if the holding of debates on Sunday mornings was liable to bring him back, then the debates must stop. Boxer, who had now had time to think things over, voiced the general feeling by saying: "If Comrade Napoleon says it, it must be right." And from then on he adopted the maxim, "Napoleon is always right," in addition to his private motto of "I will work harder."

By this time the weather had broken and the spring ploughing had begun. The shed where Snowball had drawn his plans of the windmill had been shut up and it was assumed that the plans had been rubbed off the floor. Every Sunday morning at ten o'clock the animals assembled in the big barn to receive their orders for the week. The skull of old Major, now clean of flesh, had been disinterred from the orchard and set up on a stump at the foot of the flagstaff, beside the gun. After the hoisting of the flag, the animals were required to file past the skull in a reverent manner before entering the barn. Nowadays they did not sit all together as they had done in the past. Napoleon, with Squealer and another pig named Minimus, who had a remarkable gift for composing songs and poems, sat on the front of the raised platform, with the nine young dogs forming a semicircle round them, and the other pigs sitting behind. The rest of the animals sat facing them in the main body of the barn. Napoleon read out the orders for the week in a gruff soldierly style, and after a single singing of "Beasts of England", all the animals dispersed.

On the third Sunday after Snowball's expulsion, the animals were somewhat surprised to hear Napoleon announce that the windmill was to be built after all. He did not give any reason for having changed his mind, but merely warned the animals that this extra task would mean very hard work; it might even be necessary to reduce their rations. The plans, however, had all been prepared, down to the last detail. A special committee of pigs had been at work upon them for the past three weeks. The building of the windmill, with various other improvements, was expected to take two years.

That evening Squealer explained privately to the other animals that Napoleon had never in reality been opposed to the windmill. On the contrary, it was he who had advocated it in the beginning, and the plan which Snowball had drawn on the floor of the incubator shed had actually been stolen from among Napoleon's papers. The windmill was, in fact, Napoleon's own creation. Why, then, asked somebody, had he spoken so strongly against it? Here Squealer looked very sly. That, he said, was Comrade Napoleon's cunning. He had *seemed* to oppose the windmill, simply as a manoeuvre to get rid of Snowball, who was a dangerous character and a bad influence. Now that Snowball was out of the way, the plan could go forward without his interference. This, said Squealer, was something called tactics. He repeated a number of times, "Tactics, comrades, tactics!" skipping round and whisking his tail with a merry laugh. The animals were not certain what the word meant, but Squealer spoke so persuasively, and the three dogs who happened to be with him growled so threateningly, that they accepted his explanation without further questions.

Chapter 6

All that year the animals worked like slaves. But they were happy in their work; they grudged no effort or sacrifice, well aware that everything that they did was for the benefit of themselves and those of their kind who would come after them, and not for a pack of idle thieving human beings.

Throughout the spring and summer they worked a sixty-hour week, and in August Napoleon announced that there would be work on Sunday afternoons as well. This work was strictly voluntary, but any animal who absented himself from it would have his rations reduced by half. Even so, it was found necessary to leave certain tasks undone. The harvest was a little less successful than in the previous year, and two fields which should have been sown with roots in the early summer were not sown because the ploughing had not been completed early enough. It was possible to foresee that the coming winter would be a hard one.

The windmill presented unexpected difficulties. There was a good quarry of limestone on the farm, and plenty of sand and cement had been found in one of the outhouses, so that all the materials for building were at hand. But the problem the animals could not at first solve was how to break up the stone into pieces of suitable size. There seemed no way of doing this except with picks and crowbars, which no animal could use, because no animal could stand on his hind legs. Only after weeks of vain effort did the right idea occur to somebody—namely, to utilise the force of gravity. Huge boulders, far too big to be used as they were, were lying all over the bed of the quarry. The animals lashed ropes round these, and then all together, cows, horses, sheep, any animal that could lay hold of the rope—even the pigs sometimes joined in at critical moments—they dragged them with desperate slowness up the slope to the top of the quarry, where they were toppled over the edge, to shatter to pieces below. Transporting the stone when it was once broken was comparatively simple. The horses carried it off in cart-loads, the sheep dragged single blocks, even Muriel and Benjamin yoked themselves into an old governess-cart and did their share. By late summer a sufficient store of stone had accumulated, and then the building began, under the superintendence of the pigs.

But it was a slow, laborious process. Frequently it took a whole day of exhausting effort to drag a single boulder to the top of the quarry, and sometimes when it was pushed over the edge it failed to break. Nothing could have been achieved without Boxer, whose strength seemed equal to that of all the rest of the animals put together. When the boulder began to slip and the animals cried out in despair at finding themselves dragged down the hill, it was always

Boxer who strained himself against the rope and brought the boulder to a stop. To see him toiling up the slope inch by inch, his breath coming fast, the tips of his hoofs clawing at the ground, and his great sides matted with sweat, filled everyone with admiration. Clover warned him sometimes to be careful not to overstrain himself, but Boxer would never listen to her. His two slogans, "I will work harder" and "Napoleon is always right," seemed to him a sufficient answer to all problems. He had made arrangements with the cockerel to call him three-quarters of an hour earlier in the mornings instead of half an hour. And in his spare moments, of which there were not many nowadays, he would go alone to the quarry, collect a load of broken stone, and drag it down to the site of the windmill unassisted.

The animals were not badly off throughout that summer, in spite of the hardness of their work. If they had no more food than they had had in Jones's day, at least they did not have less. The advantage of only having to feed themselves, and not having to support five extravagant human beings as well, was so great that it would have taken a lot of failures to outweigh it. And in many ways the animal method of doing things was more efficient and saved labour. Such jobs as weeding, for instance, could be done with a thoroughness impossible to human beings. And again, since no animal now stole, it was unnecessary to fence off pasture from arable land, which saved a lot of labour on the upkeep of hedges and gates. Nevertheless, as the summer wore on, various unforeseen shortages began to make them selves felt. There was need of paraffin oil, nails, string, dog biscuits, and iron for the horses' shoes, none of which could be produced on the farm. Later there would also be need for seeds and artificial manures, besides various tools and, finally, the machinery for the windmill. How these were to be procured, no one was able to imagine.

One Sunday morning, when the animals assembled to receive their orders, Napoleon announced that he had decided upon a new policy. From now onwards Animal Farm would engage in trade with the neighbouring farms: not, of course, for any commercial purpose, but simply in order to obtain certain materials which were urgently necessary. The needs of the windmill must override everything else, he said. He was therefore making arrangements to sell a stack of hay and part of the current year's wheat crop, and later on, if more money were needed, it would have to be made up by the sale of eggs, for which there was always a market in Willingdon. The hens, said Napoleon, should welcome this sacrifice as their own special contribution towards the building of the windmill.

Once again the animals were conscious of a vague uneasiness. Never to have any dealings with human beings, never to engage in trade, never to make use of money—had not these been among the earliest resolutions passed at that first triumphant Meeting after Jones was expelled? All the animals remembered passing such resolutions: or at least they thought that they remembered it. The four young pigs who had protested when Napoleon abolished the Meetings raised their voices timidly, but they were promptly silenced by a tremendous growling from the dogs. Then, as usual, the sheep broke into "Four legs good, two legs bad!" and the momentary awkwardness was smoothed over. Finally Napoleon raised his trotter for silence and announced that he had already made all the arrangements. There would be no need for any of the animals to come in contact with human beings, which would clearly be most undesirable. He intended to take the whole burden upon his own shoulders. A Mr. Whymper, a solicitor living in Willingdon, had agreed to act as intermediary between Animal Farm and the outside world, and would visit the farm every Monday morning to receive his instructions. Napoleon ended his speech with his usual cry of "Long live Animal Farm!" and after the singing of "Beasts of England" the animals were dismissed.

Afterwards Squealer made a round of the farm and set the animals' minds at rest. He assured them that the resolution against engaging in trade and using money had never been passed, or even suggested. It was pure imagination, probably traceable in the beginning to lies circulated by Snowball. A few animals still felt faintly doubtful, but Squealer asked them shrewdly, "Are you certain that this is not something that you have dreamed, comrades? Have you any record of such a resolution? Is it written down anywhere?" And since it was certainly true that nothing of the kind existed in writing, the animals were satisfied that they had been mistaken.

Every Monday Mr. Whymper visited the farm as had been arranged. He was a sly-looking little man with side whiskers, a solicitor in a very small way of business, but sharp enough to have realised earlier than anyone else that Animal Farm would need a broker and that the commissions would be worth having. The animals watched his coming and going with a kind of dread, and avoided him as much as possible. Nevertheless, the sight of Napoleon, on all fours, delivering orders to Whymper, who stood on two legs, roused their pride and partly reconciled them to the new arrangement. Their relations with the human race were now not quite the same as they had been before. The human beings did not hate Animal Farm any less now that it was prospering; indeed, they hated it more than ever. Every human being held it as an article of faith that the farm would go bankrupt sooner or later, and, above all, that the windmill would be a failure. They would meet in the public-houses and prove to one another by means of diagrams that the windmill was bound to fall down, or that if it did stand up, then that it would never work. And yet, against their will, they had developed a certain respect for the efficiency with which the animals were managing their own affairs. One symptom of this was that they had begun to call Animal Farm by its proper name and ceased to pretend that it was called the Manor Farm. They had also dropped their championship of Jones, who had given up hope of getting his farm back and gone to live in another part of the county. Except through Whymper, there was as yet no contact between Animal Farm and the outside world, but there were constant rumours that Napoleon was about to enter into a definite business agreement either with Mr. Pilkington of Foxwood or with Mr. Frederick of Pinchfield—but never, it was noticed, with both simultaneously.

It was about this time that the pigs suddenly moved into the farmhouse and took up their residence there. Again the animals seemed to remember that a resolution against this had been passed in the early days, and again Squealer was able to convince them that this was not the case. It was absolutely necessary, he said, that the pigs, who were the brains of the farm, should have a quiet place to work in. It was also more suited to the dignity of the Leader (for of late he had taken to speaking of Napoleon under the title of "Leader") to live in a house than in a mere sty. Nevertheless, some of the animals were disturbed when they heard that the pigs not only took their meals in the kitchen and used the drawing-room as a recreation room, but also slept in the beds. Boxer passed it off as usual with "Napoleon is always right!", but Clover, who thought she remembered a definite ruling against beds, went to the end of the barn and tried to puzzle out the Seven Commandments which were inscribed there. Finding herself unable to read more than individual letters, she fetched Muriel.

"Muriel," she said, "read me the Fourth Commandment. Does it not say something about never sleeping in a bed?"

With some difficulty Muriel spelt it out.

"It says, 'No animal shall sleep in a bed with sheets,'" she announced finally.

Curiously enough, Clover had not remembered that the Fourth Commandment mentioned sheets; but as it was there on the wall, it must have done so. And Squealer, who happened to be passing at this moment, attended by two or three dogs, was able to put the whole matter in its proper perspective.

"You have heard then, comrades," he said, "that we pigs now sleep in the beds of the farmhouse? And why not? You did not suppose, surely, that there was ever a ruling against beds? A bed merely means a place to sleep in. A pile of straw in a stall is a bed, properly regarded. The rule was against sheets, which are a human invention. We have removed the sheets from the farmhouse beds, and sleep between blankets. And very comfortable beds they are too! But not more comfortable than we need, I can tell you, comrades, with all the brainwork we have to do nowadays. You would not rob us of our repose, would you, comrades? You would not have us too tired to carry out our duties? Surely none of you wishes to see Jones back?"

The animals reassured him on this point immediately, and no more was said about the pigs sleeping in the farmhouse beds. And when, some days afterwards, it was announced that from now on the pigs would get up an hour later in the mornings than the other animals, no complaint was made about that either.

By the autumn the animals were tired but happy. They had had a hard year, and after the sale of part of the hay and corn, the stores of food for the winter were none too plentiful, but the windmill compensated for everything. It was almost half built now. After the harvest there was a stretch of clear dry weather, and the animals toiled harder than ever, thinking it well worth while to plod to and fro all day with blocks of stone if by doing so they could raise the walls another foot. Boxer would even come out at nights and work for an hour or two on his own by the light of the harvest moon. In their spare moments the animals would walk round and round the half-finished mill, admiring the strength and perpendicularity of its walls and marvelling that they should ever have been able to build anything so imposing. Only old Benjamin refused to grow enthusiastic about the windmill, though, as usual, he would utter nothing beyond the cryptic remark that donkeys live a long time.

November came, with raging south-west winds. Building had to stop because it was now too wet to mix the cement. Finally there came a night when the gale was so violent that the farm buildings rocked on their foundations and several tiles were blown off the roof of the barn. The hens woke up squawking with terror because they had all dreamed simultaneously of hearing a gun go off in the distance. In the morning the animals came out of their stalls to find that the flagstaff had been blown down and an elm tree at the foot of the orchard had been plucked up like a radish. They had just noticed this when a cry of despair broke from every animal's throat. A terrible sight had met their eyes. The windmill was in ruins.

With one accord they dashed down to the spot. Napoleon, who seldom moved out of a walk, raced ahead of them all. Yes, there it lay, the fruit of all their struggles, levelled to its foundations, the stones they had broken and carried so laboriously scattered all around. Unable at first to speak, they stood gazing mournfully at the litter of fallen stone. Napoleon paced to and fro in silence, occasionally snuffing at the ground. His tail had grown rigid and twitched sharply from side to side, a sign in him of intense mental activity. Suddenly he halted as though his mind were made up.

"Comrades," he said quietly, "do you know who is responsible for this? Do you know the enemy who has come in the night and overthrown our windmill? SNOWBALL!" he suddenly roared in a voice of thunder. "Snowball has done this thing! In sheer malignity, thinking to set back our plans and avenge himself for his ignominious expulsion, this traitor has crept here under cover of night and destroyed our work of nearly a year. Comrades, here and now I pronounce the death sentence upon Snowball. 'Animal Hero, Second Class,' and half a bushel of apples to any animal who brings him to justice. A full bushel to anyone who captures him alive!"

The animals were shocked beyond measure to learn that even Snowball could be guilty of such an action. There was a cry of indignation, and everyone began thinking out ways of catching Snowball if he should ever come back. Almost immediately the footprints of a pig were discovered in the grass at a little distance from the knoll. They could only be traced for a few yards, but appeared to lead to a hole in the hedge. Napoleon snuffed deeply at them and pronounced them to be Snowball's. He gave it as his opinion that Snowball had probably come from the direction of Foxwood Farm.

"No more delays, comrades!" cried Napoleon when the footprints had been examined. "There is work to be done. This very morning we begin rebuilding the windmill, and we will build all through the winter, rain or shine. We will teach this miserable traitor that he cannot undo our work so easily. Remember, comrades, there must be no alteration in our plans: they shall be carried out to the day. Forward, comrades! Long live the windmill! Long live Animal Farm!"

Chapter 7

It was a bitter winter. The stormy weather was followed by sleet and snow, and then by a hard frost which did not break till well into February. The animals carried on as best they could with the rebuilding of the windmill, well knowing that the outside world was watching them and that the envious human beings would rejoice and triumph if the mill were not finished on time.

Out of spite, the human beings pretended not to believe that it was Snowball who had destroyer the windmill: they said that it had fallen down because the walls were too thin. The animals knew that this was not the case. Still, it had been decided to build the walls three feet thick this time instead of eighteen inches as before, which meant collecting much larger quantities of stone. For a long time the quarry was full of snowdrifts and nothing could be done. Some progress was made in the dry frosty weather that followed, but it was cruel work, and the animals could not feel so hopeful about it as they had felt before. They were always cold, and usually hungry as well. Only Boxer and Clover never lost heart. Squealer made excellent speeches on the joy of service and the dignity of labour, but the other animals found more inspiration in Boxer's strength and his never-failing cry of "I will work harder!"

In January food fell short. The corn ration was drastically reduced, and it was announced that an extra potato ration would be issued to make up for it. Then it was discovered that the greater part of the potato crop had been frosted in the clamps, which had not been covered thickly enough. The potatoes had become soft and discoloured, and only a few were edible. For days at a time the animals had nothing to eat but chaff and mangels. Starvation seemed to stare them in the face.

It was vitally necessary to conceal this fact from the outside world. Emboldened by the collapse of the windmill, the human beings were inventing fresh lies about Animal Farm. Once again it was being put about that all the animals were dying of famine and disease, and that they were continually fighting among themselves and had resorted to cannibalism and infanticide. Napoleon was well aware of the bad results that might follow if the real facts of the food situation were known, and he decided to make use of Mr. Whymper to spread a contrary impression. Hitherto the animals had had little or no contact with Whymper on his weekly visits: now, however, a few selected animals, mostly sheep, were instructed to remark casually in his hearing that rations had been increased. In addition, Napoleon ordered the almost empty bins in the store-shed to be filled nearly to the brim with sand, which was then covered up with what remained of the grain and meal. On some suitable pretext Whymper was led through the store-shed and allowed to catch a glimpse of the bins. He was deceived, and continued to report to the outside world that there was no food shortage on Animal Farm.

Nevertheless, towards the end of January it became obvious that it would be necessary to procure some more grain from somewhere. In these days Napoleon rarely appeared in public, but spent all his time in the farmhouse, which was guarded at each door by fierce-looking dogs. When he did emerge, it was in a ceremonial manner, with an escort of six dogs who closely surrounded him and growled if anyone came too near. Frequently he did not even appear on Sunday mornings, but issued his orders through one of the other pigs, usually Squealer.

One Sunday morning Squealer announced that the hens, who had just come in to lay again, must surrender their eggs. Napoleon had accepted, through Whymper, a contract for four hundred eggs a week. The price of these would pay for enough grain and meal to keep the farm going till summer came on and conditions were easier.

When the hens heard this, they raised a terrible outcry. They had been warned earlier that this sacrifice might be necessary, but had not believed that it would really happen. They were just getting their clutches ready for the spring sitting, and they protested that to take the eggs away now was murder. For the first time since the expulsion of Jones, there was something resembling a rebellion. Led by three young Black Minorca pullets, the hens made a determined effort to thwart Napoleon's wishes. Their method was to fly up to the rafters and there lay their eggs, which smashed to pieces on the floor. Napoleon acted swiftly and ruthlessly. He ordered the hens' rations to be stopped, and decreed that any animal giving so much as a grain of corn to a hen should be punished by death. The dogs saw to it that these orders were carried out. For five days the hens held out, then they capitulated and went back to their nesting boxes. Nine hens had died in the meantime. Their bodies were buried in the orchard, and it was given out that they had died of coccidiosis. Whymper heard nothing of this affair, and the eggs were duly delivered, a grocer's van driving up to the farm once a week to take them away.

All this while no more had been seen of Snowball. He was rumoured to be hiding on one of the neighbouring farms, either Foxwood or Pinchfield. Napoleon was by this time on slightly better terms with the other farmers than before. It happened that there was in the yard a pile of timber which had been stacked there ten years earlier when a beech spinney was cleared. It was well seasoned, and Whymper had advised Napoleon to sell it; both Mr. Pilkington and Mr. Frederick were anxious to buy it. Napoleon was hesitating between the two, unable to make up his mind. It was noticed that whenever he seemed on the point of coming to an agreement with Frederick, Snowball was declared to be in hiding at Foxwood, while, when he inclined toward Pilkington, Snowball was said to be at Pinchfield.

Suddenly, early in the spring, an alarming thing was discovered.

Snowball was secretly frequenting the farm by night! The animals were so disturbed that they could hardly sleep in their stalls. Every night, it was said, he came creeping in under cover of darkness and performed all kinds of mischief. He stole the corn, he upset the milk-pails, he broke the eggs, he trampled the seed-beds, he gnawed the bark off the fruit trees. Whenever anything went wrong it became usual to attribute it to Snowball. If a window was broken or a drain was blocked up, someone was certain to say that Snowball had come in the night and done it, and when the key of the store-shed was lost, the whole farm was convinced that Snowball had thrown it down the well. Curiously enough, they went on believing this even after the mislaid key was found under a sack of meal. The cows declared unanimously that Snowball crept into their stalls and milked them in their sleep. The rats, which had been troublesome that winter, were also said to be in league with Snowball.

Napoleon decreed that there should be a full investigation into Snowball's activities. With his dogs in attendance he set out and made a careful tour of inspection of the farm buildings, the other animals following at a respectful distance. At every few steps Napoleon stopped and snuffed the ground for traces of Snowball's footsteps, which, he said, he could detect by the smell. He snuffed in every corner, in the barn, in the cow-shed, in the hen-houses, in the vegetable garden, and found traces of Snowball almost everywhere. He would put his snout to the ground, give several deep sniffs, ad exclaim in a terrible voice, "Snowball! He has been here! I can smell him distinctly!" and at the word "Snowball" all the dogs let out blood-curdling growls and showed their side teeth.

The animals were thoroughly frightened. It seemed to them as though Snowball were some kind of invisible influence, pervading the air about them and menacing them with all kinds of dangers. In the evening Squealer called them together, and with an alarmed expression on his face told them that he had some serious news to report.

"Comrades!" cried Squealer, making little nervous skips, "a most terrible thing has been discovered. Snowball has sold himself to Frederick of Pinchfield Farm, who is even now plotting to attack us and take our farm away from us! Snowball is to act as his guide when the attack begins. But there is worse than that. We had thought that Snowball's rebellion was caused simply by his vanity and ambition. But we were wrong, comrades. Do you know what the real reason was? Snowball was in league with Jones from the very start! He was Jones's secret agent all the time. It has all been proved by documents which he left behind him and which we have only just discovered. To my mind this explains a great deal, comrades. Did we not see for ourselves how he attempted—fortunately without success—to get us defeated and destroyed at the Battle of the Cowshed?"

The animals were stupefied. This was a wickedness far outdoing Snowball's destruction of the windmill. But it was some minutes before they could fully take it in. They all remembered, or thought they remembered, how they had seen Snowball charging ahead of them at the Battle of the Cowshed, how he had rallied and encouraged them at every turn, and how he had not paused for an instant even when the pellets from Jones's gun had wounded his back. At first it was a little difficult to see how this fitted in with his being on Jones's side. Even Boxer, who seldom asked questions, was puzzled. He lay down, tucked his fore hoofs beneath him, shut his eyes, and with a hard effort managed to formulate his thoughts.

"I do not believe that," he said. "Snowball fought bravely at the Battle of the Cowshed. I saw him myself. Did we not give him 'Animal Hero, first Class,' immediately afterwards?"

"That was our mistake, comrade. For we know now—it is all written down in the secret documents that we have found—that in reality he was trying to lure us to our doom."

"But he was wounded," said Boxer. "We all saw him running with blood."

"That was part of the arrangement!" cried Squealer. "Jones's shot only grazed him. I could show you this in his own writing, if you were able to read it. The plot was for Snowball, at the critical moment, to give the signal for flight and leave the field to the enemy. And he very nearly succeeded — I will even say, comrades, he *would* have succeeded if it had not been for our heroic Leader, Comrade Napoleon. Do you not remember how, just at the moment when Jones and his men had got inside the yard, Snowball suddenly turned and fled, and many animals followed him? And do you not remember, too, that it was just at that moment, when panic was spreading and all seemed lost, that Comrade Napoleon sprang forward with a cry of 'Death to Humanity!' and sank his teeth in Jones's leg? Surely you remember THAT, comrades?" exclaimed Squealer, frisking from side to side.

Now when Squealer described the scene so graphically, it seemed to the animals that they did remember it. At any rate, they remembered that at the critical moment of the battle Snowball had turned to flee. But Boxer was still a little uneasy.

"I do not believe that Snowball was a traitor at the beginning," he said finally. "What he has done since is different. But I believe that at the Battle of the Cowshed he was a good comrade."

"Our Leader, Comrade Napoleon," announced Squealer, speaking very slowly and firmly, "has stated categorically—categorically, comrade—that Snowball was Jones's agent from the very beginning—yes, and from long before the Rebellion was ever thought of."

"Ah, that is different!" said Boxer. "If Comrade Napoleon says it, it must be right."

"That is the true spirit, comrade!" cried Squealer, but it was noticed he cast a very ugly look at Boxer with his little twinkling eyes. He turned to go, then paused and added impressively: "I warn every animal on this farm to keep his eyes very wide open. For we have reason to think that some of Snowball's secret agents are lurking among us at this moment!"

Four days later, in the late afternoon, Napoleon ordered all the animals to assemble in the yard. When they were all gathered together, Napoleon emerged from the farmhouse, wearing both his medals (for he had recently awarded himself "Animal Hero, First Class", and "Animal Hero, Second Class"), with his nine huge dogs frisking round him and uttering growls that sent shivers down all the animals' spines. They all cowered silently in their places, seeming to know in advance that some terrible thing was about to happen.

Napoleon stood sternly surveying his audience; then he uttered a high-pitched whimper. Immediately the dogs bounded forward, seized four of the pigs by the ear and dragged them, squealing with pain and terror, to Napoleon's feet. The pigs' ears were bleeding, the dogs had tasted blood, and for a few moments they appeared to go quite mad. To the amazement of everybody, three of them flung themselves upon Boxer. Boxer saw them coming and put out his great hoof, caught a dog in mid-air, and pinned him to the ground. The dog shrieked for mercy and the other two fled with their tails between their legs. Boxer looked at Napoleon to know whether he should crush the dog to death or let it go. Napoleon appeared to change countenance, and sharply ordered Boxer to let the dog go, whereat Boxer lifted his hoof, and the dog slunk away, bruised and howling.

Presently the tumult died down. The four pigs waited, trembling, with guilt written on every line of their countenances. Napoleon now called upon them to confess their crimes. They were the same four pigs as had protested when Napoleon abolished the Sunday Meetings. Without any further prompting they confessed that they had been secretly in touch with Snowball ever since his expulsion, that they had collaborated with him in destroying the windmill, and that they had entered into an agreement with him to hand over Animal Farm to Mr. Frederick. They added that Snowball had privately admitted to them that he had been Jones's secret agent for years past. When they had finished their confession, the dogs promptly tore their throats out, and in a terrible voice Napoleon demanded whether any other animal had anything to confess.

The three hens who had been the ringleaders in the attempted rebellion over the eggs now came forward and stated that Snowball had appeared to them in a dream and incited them to disobey Napoleon's orders. They, too, were slaughtered. Then a goose came forward and confessed to having secreted six ears of corn during the last year's harvest and eaten them in the night. Then a sheep confessed to having urinated in the drinking pool—urged to do this, so she said, by Snowball—and two other sheep confessed to having murdered an old ram, an especially devoted follower of Napoleon, by chasing him round and round a bonfire when he was suffering from a cough. They were all slain on the spot. And so the tale of confessions and executions went on, until there was a pile of corpses lying before Napoleon's feet and the air was heavy with the smell of blood, which had been unknown there since the expulsion of Jones.

When it was all over, the remaining animals, except for the pigs and dogs, crept away in a body. They were shaken and miserable. They did not know which was more shocking—the treachery of the animals who had leagued themselves with Snowball, or the cruel retribution they had just witnessed. In the old days there had often been scenes of bloodshed equally terrible, but it seemed to all of them that it was far worse now that it was happening among themselves. Since Jones had left the farm, until today, no animal had killed another animal. Not even a rat had been killed. They had made their way on to the little knoll where the half-finished windmill stood, and with one accord they all lay down as though huddling together for warmth—Clover, Muriel, Benjamin, the cows, the sheep, and a whole flock of geese and hens—everyone, indeed, except the cat, who had suddenly disappeared just before Napoleon ordered the animals to assemble. For some time nobody spoke. Only Boxer remained on his feet. He fidgeted to and fro, swishing his long black tail against his sides and occasionally uttering a little whinny of surprise. Finally he said:

"I do not understand it. I would not have believed that such things could happen on our farm. It must be due to some fault in ourselves. The solution, as I see it, is to work harder. From now onwards I shall get up a full hour earlier in the mornings."

And he moved off at his lumbering trot and made for the quarry. Having got there, he collected two successive loads of stone and dragged them down to the windmill before retiring for the night.

The animals huddled about Clover, not speaking. The knoll where they were lying gave them a wide prospect across the countryside. Most of Animal Farm was within their view—the long pasture stretching down to the main road, the hayfield, the spinney, the drinking pool, the ploughed fields where the young wheat was thick and green, and the red roofs of the farm buildings with the smoke curling from the chimneys. It was a clear spring evening. The grass and the bursting hedges were gilded by the level rays of the sun. Never had the farm—and with a kind of surprise they remembered that it was their own farm, every inch of it their own property—appeared to the animals so desirable a place. As Clover looked down the hillside her eyes filled with tears. If she could have spoken her thoughts, it would have been to say that this was not what they had aimed at when they had set themselves years ago to work for the overthrow of the human race. These scenes of terror and slaughter were not what they had looked forward to on that night when old Major first stirred them to rebellion. If she herself had had any picture of the future, it had been of a society of animals set free from hunger and the whip, all equal, each working according to his capacity, the strong protecting the weak, as she had protected the lost brood of ducklings with her foreleg on the night of Major's speech. Instead—she did not know why—they had come to a time when no one dared speak his mind, when fierce, growling dogs roamed everywhere, and when you had to watch your comrades torn to pieces after confessing to shocking crimes. There was no thought of rebellion or disobedience in her mind. She knew that, even as things were, they were far better off than they had been in the days of Jones, and that before all else it was needful to prevent the return of the human beings. Whatever happened she would remain faithful, work hard, carry out the orders that were given to her, and accept the leadership of Napoleon. But still, it was not for this that she and all the other animals had hoped and toiled. It was not for this that they had built the windmill and faced the bullets of Jones's gun. Such were her thoughts, though she lacked the words to express them.

At last, feeling this to be in some way a substitute for the words she was unable to find, she began to sing "Beasts of England". The other animals sitting round her took it up, and they sang it three times over—very tunefully, but slowly and mournfully, in a way they had never sung it before.

They had just finished singing it for the third time when Squealer, attended by two dogs, approached them with the air of having something important to say. He announced that, by a special decree of Comrade Napoleon, "Beasts of England" had been abolished. From now onwards it was forbidden to sing it.

The animals were taken aback.

"Why?" cried Muriel.

"It's no longer needed, comrade," said Squealer stiffly. "'Beasts of England'was the song of the Rebellion. But the Rebellion is now completed. The execution of the traitors this afternoon was the final act. The enemy both external and internal has been defeated. In 'Beasts of England' we expressed our longing for a better society in days to come. But that society has now been established. Clearly this song has no longer any purpose."

Frightened though they were, some of the animals might possibly have protested, but at this moment the sheep set up their usual bleating of "Four legs good, two legs bad", which went on for several minutes and put an end to the discussion.

So “Beasts of England” was heard no more. In its place Minimus, the poet, had composed another song which began:

Animal Farm, Animal Farm,
Never through me shalt thou come to harm!

And this was sung every Sunday morning after the hoisting of the flag. But somehow neither the words nor the tune ever seemed to the animals to come up to “Beasts of England”.

Chapter 8

A few days later, when the terror caused by the executions had died down, some of the animals remembered—or thought they remembered—that the Sixth Commandment decreed: "No animal shall kill any other animal." And though no one cared to mention it in the hearing of the pigs or the dogs, it was felt that the killings which had taken place did not square with this. Clover asked Benjamin to read her the Sixth Commandment, and when Benjamin, as usual, said that he refused to meddle in such matters, she fetched Muriel. Muriel read the Commandment for her. It ran: "No animal shall kill any other animal *without cause*." Somehow or other, the last two words had slipped out of the animals' memory. But they saw now that the Commandment had not been violated; for clearly there was good reason for killing the traitors who had leagued themselves with Snowball.

Throughout the year the animals worked even harder than they had worked in the previous year. To rebuild the windmill, with walls twice as thick as before, and to finish it by the appointed date, together with the regular work of the farm, was a tremendous labour. There were times when it seemed to the animals that they worked longer hours and fed no better than they had done in Jones's day. On Sunday mornings Squealer, holding down a long strip of paper with his trotter, would read out to them lists of figures proving that the production of every class of foodstuff had increased by two hundred per cent, three hundred per cent, or five hundred per cent, as the case might be. The animals saw no reason to disbelieve him, especially as they could no longer remember very clearly what conditions had been like before the Rebellion. All the same, there were days when they felt that they would sooner have had less figures and more food.

All orders were now issued through Squealer or one of the other pigs. Napoleon himself was not seen in public as often as once in a fortnight. When he did appear, he was attended not only by his retinue of dogs but by a black cockerel who marched in front of him and acted as a kind of trumpeter, letting out a loud "cock-a-doodle-doo" before Napoleon spoke. Even in the farmhouse, it was said, Napoleon inhabited separate apartments from the others. He took his meals alone, with two dogs to wait upon him, and always ate from the Crown Derby dinner service which had been in the glass cupboard in the drawing-room. It was also announced that the gun would be fired every year on Napoleon's birthday, as well as on the other two anniversaries.

Napoleon was now never spoken of simply as "Napoleon." He was always referred to in formal style as "our Leader, Comrade

Napoleon," and this pigs liked to invent for him such titles as Father of All Animals, Terror of Mankind, Protector of the Sheep-fold, Ducklings' Friend, and the like. In his speeches, Squealer would talk with the tears rolling down his cheeks of Napoleon's wisdom the goodness of his heart, and the deep love he bore to all animals everywhere, even and especially the unhappy animals who still lived in ignorance and slavery on other farms. It had become usual to give Napoleon the credit for every successful achievement and every stroke of good fortune. You would often hear one hen remark to another, "Under the guidance of our Leader, Comrade Napoleon, I have laid five eggs in six days"; or two cows, enjoying a drink at the pool, would exclaim, "Thanks to the leadership of Comrade Napoleon, how excellent this water tastes!" The general feeling on the farm was well expressed in a poem entitled Comrade Napoleon, which was composed by Minimus and which ran as follows:

Friend of fatherless!
Fountain of happiness!
Lord of the swill-bucket! Oh, how my soul is on
Fire when I gaze at thy
Calm and commanding eye,
Like the sun in the sky,
Comrade Napoleon!
Thou are the giver of
All that thy creatures love,
Full belly twice a day, clean straw to roll upon;
Every beast great or small

Sleeps at peace in his stall,
Thou watchest over all,
Comrade Napoleon!
Had I a sucking-pig,
Ere he had grown as big
Even as a pint bottle or as a rolling-pin,
He should have learned to be
Faithful and true to thee,
Yes, his first squeak should be
"Comrade Napoleon!"

Napoleon approved of this poem and caused it to be inscribed on the wall of the big barn, at the opposite end from the Seven Commandments. It was surmounted by a portrait of Napoleon, in profile, executed by Squealer in white paint.

Meanwhile, through the agency of Whymper, Napoleon was engaged in complicated negotiations with Frederick and Pilkington. The pile of timber was still unsold. Of the two, Frederick was the more anxious to get hold of it, but he would not offer a reasonable price. At the same time there were renewed rumours that Frederick and his men were plotting to attack Animal Farm and to destroy the windmill, the building of which had aroused furious jealousy in him. Snowball was known to be still skulking on Pinchfield Farm. In the middle of the summer the animals were alarmed to hear that three hens had come forward and confessed that, inspired by Snowball, they had entered into a plot to murder Napoleon. They were executed immediately, and fresh precautions for Napoleon's safety were taken. Four dogs guarded his bed at night, one at each corner, and a young pig named Pinkeye was given the task of tasting all his food before he ate it, lest it should be poisoned.

At about the same time it was given out that Napoleon had arranged to sell the pile of timber to Mr. Pilkington; he was also going to enter into a regular agreement for the exchange of certain products between Animal Farm and Foxwood. The relations between Napoleon and Pilkington, though they were only conducted through Whymper, were now almost friendly. The animals distrusted Pilkington, as a human being, but greatly preferred him to Frederick, whom they both feared and hated. As the summer wore on, and the windmill neared completion, the rumours of an impending treacherous attack grew stronger and stronger. Frederick, it was said, intended to bring against them twenty men all armed with guns, and he had already bribed the magistrates and police, so that if he could once get hold of the title-deeds of Animal Farm they would ask no questions. Moreover, terrible stories were leaking out from Pinchfield about the cruelties that Frederick practised upon his animals. He had flogged an old horse to death, he starved his cows, he had killed a dog by throwing it into the furnace, he amused himself in the evenings by making cocks fight with splinters of razor-blade tied to their spurs. The animals' blood boiled with rage when they heard of these things beingdone to their comrades, and sometimes they clamoured to be allowed to go out in a body and attack Pinchfield Farm, drive out the humans, and set the animals free. But Squealer counselled them to avoid rash actions and trust in Comrade Napoleon's strategy.

Nevertheless, feeling against Frederick continued to run high. One Sunday morning Napoleon appeared in the barn and explained that he had never at any time contemplated selling the pile of timber to Frederick; he considered it beneath his dignity, he said, to have dealings with scoundrels of that description. The pigeons who were still sent out to spread tidings of the Rebellion were forbidden to set foot anywhere on Foxwood, and were also ordered to drop their former slogan of "Death to Humanity" in favour of "Death to Frederick." In the late summer yet another of Snowball's machinations was laid bare. The wheat crop was full of weeds, and it was discovered that on one of his nocturnal visits Snowball had mixed weed seeds with the seed corn. A gander who had been privy to the plot had confessed his guilt to Squealer and immediately committed suicide by swallowing deadly nightshade berries. The animals now also learned that Snowball had never—as many of them had believed hitherto—received the order of "Animal Hero, First Class." This was merely a legend which had been spread some time after the Battle of the Cowshed by Snowball himself. So far from being decorated, he had been censured for showing cowardice in the battle. Once again some of the animals heard this with a certain bewilderment, but Squealer was soon able to convince them that their memories had been at fault.

In the autumn, by a tremendous, exhausting effort—for the harvest had to be gathered at almost the same time—the windmill was finished. The machinery had still to be installed, and Whymper was negotiating the purchase of it, but the structure was completed. In the teeth of every difficulty, in spite of inexperience, of primitive implements, of bad luck and of Snowball's treachery, the work had been finished punctually to the very day! Tired out but proud, the animals walked round and round their masterpiece, which appeared even more beautiful in their eyes than when it had been built the first time. Moreover, the walls were twice as thick as before. Nothing short of explosives would lay them low this time! And when they thought of how they had laboured, what discouragements they had overcome, and the enormous difference that would be made in their lives when the sails were turning and the dynamos running—when they thought of all this, their tiredness forsook them and they gambolled round and round the windmill, uttering cries of triumph. Napoleon himself, attended by his dogs and his cockerel, came down to inspect the completed work; he personally congratulated the animals on their achievement, and announced that the mill would be named Napoleon Mill.

Two days later the animals were called together for a special meeting in the barn. They were struck dumb with surprise when Napoleon announced that he had sold the pile of timber to Frederick. Tomorrow Frederick's wagons would arrive and begin carting it away. Throughout the whole period of his seeming friendship with Pilkington, Napoleon had really been in secret agreement with Frederick.

All relations with Foxwood had been broken off; insulting messages had been sent to Pilkington. The pigeons had been told to avoid Pinchfield Farm and to alter their slogan from "Death to Frederick" to "Death to Pilkington." At the same time Napoleon assured the animals that the stories of an impending attack on Animal Farm were completely untrue, and that the tales about Frederick's cruelty to his own animals had been greatly exaggerated. All these rumours had probably originated with Snowball and his agents. It now appeared that Snowball was not, after all, hiding on Pinchfield Farm, and in fact had never been there in his life: he was living—in considerable luxury, so it was said—at Foxwood, and had in reality been a pensioner of Pilkington for years past.

The pigs were in ecstasies over Napoleon's cunning. By seeming to be friendly with Pilkington he had forced Frederick to raise his price by twelve pounds. But the superior quality of Napoleon's mind, said Squealer, was shown in the fact that he trusted nobody, not even Frederick. Frederick had wanted to pay for the timber with something called a cheque, which, it seemed, was a piece of paper with a promise to pay written upon it. But Napoleon was too clever for him. He had demanded payment in real five-pound notes, which were to be handed over before the timber was removed. Already Frederick had paid up; and the sum he had paid was just enough to buy the machinery for the windmill.

Meanwhile the timber was being carted away at high speed. When it was all gone, another special meeting was held in the barn for the animals to inspect Frederick's bank-notes. Smiling beatifically, and wearing both his decorations, Napoleon reposed on a bed of straw on the platform, with the money at his side, neatly piled on a china dish from the farmhouse kitchen. The animals filed slowly past, and each gazed his fill. And Boxer put out his nose to sniff at the banknotes, and the flimsy white things stirred and rustled in his breath.

Three days later there was a terrible hullabaloo. Whymper, his face deadly pale, came racing up the path on his bicycle, flung it down in the yard and rushed straight into the farmhouse. The next moment a choking roar of rage sounded from Napoleon's apartments. The news of what had happened sped round the farm like wildfire. The banknotes were forgeries! Frederick had got the timber for nothing!

Napoleon called the animals together immediately and in a terrible voice pronounced the death sentence upon Frederick. When captured, he said, Frederick should be boiled alive. At the same time he warned them that after this treacherous deed the worst was to be expected. Frederick and his men might make their long-expected attack at any moment. Sentinels were placed at all the approaches to the farm. In addition, four pigeons were sent to Foxwood with a conciliatory message, which it was hoped might re-establish good relations with Pilkington.

The very next morning the attack came. The animals were at breakfast when the look-outs came racing in with the news that Frederick and his followers had already come through the five-barred gate. Boldly enough the animals sallied forth to meet them, but this time they did not have the easy victory that they had had in the Battle of the Cowshed. There were fifteen men, with half a dozen guns between them, and they opened fire as soon as they got within fifty yards. The animals could not face the terrible explosions and the stinging pellets, and in spite of the efforts of Napoleon and Boxer to rally them, they were soon driven back. A number of them were already wounded. They took refuge in the farm buildings and peeped cautiously out from chinks and knot-holes. The whole of the big pasture, including the windmill, was in the hands of the enemy. For the moment even Napoleon seemed at a loss. He paced up and down without a word, his tail rigid and twitching. Wistful glances were sent in the direction of Foxwood. If Pilkington and his men would help them, the day might yet be won. But at this moment the four pigeons, who had been sent out on the day before, returned, one of them bearing a scrap of paper from Pilkington. On it was pencilled the words: "Serves you right."

Meanwhile Frederick and his men had halted about the windmill. The animals watched them, and a murmur of dismay went round. Two of the men had produced a crowbar and a sledge hammer. They were going to knock the windmill down.

"Impossible!" cried Napoleon. "We have built the walls far too thick for that. They could not knock it down in a week. Courage, comrades!"

But Benjamin was watching the movements of the men intently. The two with the hammer and the crowbar were drilling a hole near the base of the windmill. Slowly, and with an air almost of amusement, Benjamin nodded his long muzzle.

"I thought so," he said. "Do you not see what they are doing? In another moment they are going to pack blasting powder into that hole."

Terrified, the animals waited. It was impossible now to venture out of the shelter of the buildings. After a few minutes the men were seen to be running in all directions. Then there was a deafening roar. The pigeons swirled into the air, and all the animals, except Napoleon, flung themselves flat on their bellies and hid their faces. When they got up again, a huge cloud of black smoke was hanging where the windmill had been. Slowly the breeze drifted it away. The windmill had ceased to exist!

At this sight the animals' courage returned to them. The fear and despair they had felt a moment earlier were drowned in their rage against this vile, contemptible act. A mighty cry for vengeance went up, and without waiting for further orders they charged forth in a body and made straight for the enemy. This time they did not heed the cruel pellets that swept over them like hail. It was a savage, bitter battle. The men fired again and again, and, when the animals got to close quarters, lashed out with their sticks and their heavy boots. A cow, three sheep, and two geese were killed, and nearly everyone was wounded. Even Napoleon, who was directing operations from the rear, had the tip of his tail chipped by a pellet. But the men did not go unscathed either. Three of them had their heads broken by blows from Boxer's hoofs; another was gored in the belly by a cow's horn; another had his trousers nearly torn off by Jessie and Bluebell. And when the nine dogs of Napoleon's own bodyguard, whom he had instructed to make a detour under cover of the hedge, suddenly appeared on the men's flank, baying ferociously, panic overtook them. They saw that they were in danger of being surrounded. Frederick shouted to his men to get out while the going was good, and the next moment the cowardly enemy was running for dear life. The animals chased them right down to the bottom of the field, and got in some last kicks at them as they forced their way through the thorn hedge.

They had won, but they were weary and bleeding. Slowly they began to limp back towards the farm. The sight of their dead comrades stretched upon the grass moved some of them to tears. And for a little while they halted in sorrowful silence at the place where the windmill had once stood. Yes, it was gone; almost the last trace of their labour was gone! Even the foundations were partially destroyed. And in rebuilding it they could not this time, as before, make use of the fallen stones. This time the stones had vanished too. The force of the explosion had flung them to distances of hundreds of yards. It was as though the windmill had never been.

As they approached the farm Squealer, who had unaccountably been absent during the fighting, came skipping towards them, whisking his tail and beaming with satisfaction. And the animals heard, from the direction of the farm buildings, the solemn booming of a gun.

"What is that gun firing for?" said Boxer.

"To celebrate our victory!" cried Squealer.

"What victory?" said Boxer. His knees were bleeding, he had lost a shoe and split his hoof, and a dozen pellets had lodged themselves in his hind leg.

"What victory, comrade? Have we not driven the enemy off our soil—the sacred soil of Animal Farm?"

"But they have destroyed the windmill. And we had worked on it for two years!"

"What matter? We will build another windmill. We will build six windmills if we feel like it. You do not appreciate, comrade, the mighty thing that we have done. The enemy was in occupation of this very ground that we stand upon. And now—thanks to the leadership of Comrade Napoleon—we have won every inch of it back again!"

"Then we have won back what we had before," said Boxer.

"That is our victory," said Squealer.

They limped into the yard. The pellets under the skin of Boxer's leg smarted painfully. He saw ahead of him the heavy labour of rebuilding the windmill from the foundations, and already in imagination he braced himself for the task. But for the first time it occurred to him that he was eleven years old and that perhaps his great muscles were not quite what they had once been.

But when the animals saw the green flag flying, and heard the gun firing again—seven times it was fired in all—and heard the speech that Napoleon made, congratulating them on their conduct, it did seem to them after all that they had won a great victory. The animals slain in the battle were given a solemn funeral. Boxer and Clover pulled the wagon which served as a hearse, and Napoleon himself walked at the head of the procession. Two whole days were given over to celebrations. There were songs, speeches, and more firing of the gun, and a special gift of an apple was bestowed on every animal, with two ounces of corn for each bird and three biscuits for each dog. It was announced that the battle would be called the Battle of the Windmill, and that Napoleon had created a new decoration, the Order of the Green Banner, which he had conferred upon himself. In the general rejoicings the unfortunate affair of the banknotes was forgotten.

It was a few days later than this that the pigs came upon a case of whisky in the cellars of the farmhouse. It had been overlooked at the time when the house was first occupied. That night there came from the farmhouse the sound of loud singing, in which, to everyone's surprise, the strains of "Beasts of England" were mixed up. At about half-past nine Napoleon, wearing an old bowler hat of Mr. Jones's, was distinctly seen to emerge from the back door, gallop rapidly round the yard, and disappear indoors again. But in the morning a deep silence hung over the farmhouse. Not a pig appeared to be stirring. It was nearly nine o'clock when Squealer made his appearance, walking slowly and dejectedly, his eyes dull, his tail hanging limply behind him, and with every appearance of being seriously ill. He called the animals together and told them that he had a terrible piece of news to impart. Comrade Napoleon was dying!

A cry of lamentation went up. Straw was laid down outside the doors of the farmhouse, and the animals walked on tiptoe. With tears in their eyes they asked one another what they should do if their Leader were taken away from them. A rumour went round that Snowball had after all contrived to introduce poison into Napoleon's food. At eleven o'clock Squealer came out to make another announcement. As his last act upon earth, Comrade Napoleon had pronounced a solemn decree: the drinking of alcohol was to be punished by death.

By the evening, however, Napoleon appeared to be somewhat better, and the following morning Squealer was able to tell them that he was well on the way to recovery. By the evening of that day Napoleon was back at work, and on the next day it was learned that he had instructed Whymper to purchase in Willingdon some booklets on brewing and distilling. A week later Napoleon gave orders that the small paddock beyond the orchard, which it had previously been intended to set aside as a grazing-ground for animals who were past work, was to be ploughed up. It was given out that the pasture was exhausted and needed re-seeding; but it soon became known that Napoleon intended to sow it with barley.

About this time there occurred a strange incident which hardly anyone was able to understand. One night at about twelve o'clock there was a loud crash in the yard, and the animals rushed out of their stalls. It was a moonlit night. At the foot of the end wall of the big barn, where the Seven Commandments were written, there lay a ladder broken in two pieces. Squealer, temporarily stunned, was sprawling beside it, and near at hand there lay a lantern, a paintbrush, and an overturned pot of white paint. The dogs immediately made a ring round Squealer, and escorted him back to the farmhouse as soon as he was able to walk. None of the animals could form any idea as to what this meant, except old Benjamin, who nodded his muzzle with a knowing air, and seemed to understand, but would say nothing.

But a few days later Muriel, reading over the Seven Commandments to herself, noticed that there was yet another of them which the animals had remembered wrong. They had thought the Fifth Commandment was "No animal shall drink alcohol," but there were two words that they had forgotten. Actually the Commandment read: "No animal shall drink alcohol *to excess*."

Chapter 9

Boxer's split hoof was a long time in healing. They had started the rebuilding of the windmill the day after the victory celebrations were ended. Boxer refused to take even a day off work, and made it a point of honour not to let it be seen that he was in pain. In the evenings he would admit privately to Clover that the hoof troubled him a great deal. Clover treated the hoof with poultices of herbs which she prepared by chewing them, and both she and Benjamin urged Boxer to work less hard. "A horse's lungs do not last for ever," she said to him. But Boxer would not listen. He had, he said, only one real ambition left—to see the windmill well under way before he reached the age for retirement.

At the beginning, when the laws of Animal Farm were first formulated, the retiring age had been fixed for horses and pigs at twelve, for cows at fourteen, for dogs at nine, for sheep at seven, and for hens and geese at five. Liberal old-age pensions had been agreed upon. As yet no animal had actually retired on pension, but of late the subject had been discussed more and more. Now that the small field beyond the orchard had been set aside for barley, it was rumoured that a corner of the large pasture was to be fenced off and turned into a grazing-ground for superannuated animals. For a horse, it was said, the pension would be five pounds of corn a day and, in winter, fifteen pounds of hay, with a carrot or possibly an apple on public holidays. Boxer's twelfth birthday was due in the late summer of the following year.

Meanwhile life was hard. The winter was as cold as the last one had been, and food was even shorter. Once again all rations were reduced, except those of the pigs and the dogs. A too-rigid equality in rations, Squealer explained, would have been contrary to the principles of Animalism. In any case he had no difficulty in proving to the other animals that they were *not* in reality short of food, whatever the appearances might be. For the time being, certainly, it had been found necessary to make a readjustment of rations (Squealer always spoke of it as a "readjustment," never as a "reduction"), but in comparison with the days of Jones, the improvement was enormous. Reading out the figures in a shrill, rapid voice, he proved to them in detail that they had more oats, more hay, more turnips than they had had in Jones's day, that they worked shorter hours, that their drinking water was of better quality, that they lived longer, that a larger proportion of their young ones survived infancy, and that they had more straw in their stalls and suffered less from fleas. The animals believed every word of it. Truth to tell, Jones and all he stood for had almost faded out of their memories. They knew that life nowadays was harsh and bare, that they were often hungry and often cold, and that they were usually working when they were not asleep. But doubtless it had been worse in the old days. They were glad to believe so. Besides, in those days they had been slaves and now they were free, and that made all the difference, as Squealer did not fail to point out.

There were many more mouths to feed now. In the autumn the four sows had all littered about simultaneously, producing thirty-one young pigs between them. The young pigs were piebald, and as Napoleon was the only boar on the farm, it was possible to guess at their parentage. It was announced that later, when bricks and timber had been purchased, a schoolroom would be built in the farmhouse garden. For the time being, the young pigs were given their instruction by Napoleon himself in the farmhouse kitchen. They took their exercise in the garden, and were discouraged from playing with the other young animals. About this time, too, it was laid down as a rule that when a pig and any other animal met on the path, the other animal must stand aside: and also that all pigs, of whatever degree, were to have the privilege of wearing green ribbons on their tails on Sundays.

The farm had had a fairly successful year, but was still short of money. There were the bricks, sand, and lime for the schoolroom to be purchased, and it would also be necessary to begin saving up again for the machinery for the windmill. Then there were lamp oil and candles for the house, sugar for Napoleon's own table (he forbade this to the other pigs, on the ground that it made them fat), and all the usual replacements such as tools, nails, string, coal, wire, scrap-iron, and dog biscuits. A stump of hay and part of the potato crop were sold off, and the contract for eggs was increased to six hundred a week, so that that year the hens barely hatched enough chicks to keep their numbers at the same level. Rations, reduced in December, were reduced again in February, and lanterns in the stalls were forbidden to save oil. But the pigs seemed comfortable enough, and in fact were putting on weight if anything. One afternoon in late February a warm, rich, appetising scent, such as the animals had never smelt before, wafted itself across the yard from the little brew-house, which had been disused in Jones's time, and which stood beyond the kitchen. Someone said it was the smell of cooking barley. The animals sniffed the air hungrily and wondered whether a warm mash was being prepared for their supper. But no warm mash appeared, and on the following Sunday it was announced that from now onwards all barley would be reserved for the pigs. The field beyond the orchard had already been sown with barley. And the news soon leaked out that every pig was now receiving a ration of a pint of beer daily, with half a gallon for Napoleon himself, which was always served to him in the Crown Derby soup tureen.

But if there were hardships to be borne, they were partly offset by the fact that life nowadays had a greater dignity than it had had before. There were more songs, more speeches, more processions. Napoleon had commanded that once a week there should be held something called a Spontaneous Demonstration, the object of which was to celebrate the struggles and triumphs of Animal Farm.

At the appointed time the animals would leave their work and march round the precincts of the farm in military formation, with the pigs leading, then the horses, then the cows, then the sheep, and then the poultry. The dogs flanked the procession and at the head of all marched Napoleon's black cockerel. Boxer and Clover always carried between them a green banner marked with the hoof and the horn and the caption, "Long live Comrade Napoleon!" Afterwards there were recitations of poems composed in Napoleon's honour, and a speech by Squealer giving particulars of the latest increases in the production of foodstuffs, and on occasion a shot was fired from the gun. The sheep were the greatest devotees of the Spontaneous Demonstration, and if anyone complained (as a few animals sometimes did, when no pigs or dogs were near) that they wasted time and meant a lot of standing about in the cold, the sheep were sure to silence him with a tremendous bleating of "Four legs good, two legs bad!" But by and large the animals enjoyed these celebrations. They found it comforting to be reminded that, after all, they were truly their own masters and that the work they did was for their own benefit. So that, what with the songs, the processions, Squealer's lists of figures, the thunder of the gun, the crowing of the cockerel, and the fluttering of the flag, they were able to forget that their bellies were empty, at least part of the time.

In April, Animal Farm was proclaimed a Republic, and it became necessary to elect a President. There was only one candidate, Napoleon, who was elected unanimously. On the same day it was given out that fresh documents had been discovered which revealed further details about Snowball's complicity with Jones. It now appeared that Snowball had not, as the animals had previously imagined, merely attempted to lose the Battle of the Cowshed by means of a stratagem, but had been openly fighting on Jones's side. In fact, it was he who had actually been the leader of the human forces, and had charged into battle with the words "Long live Humanity!" on his lips. The wounds on Snowball's back, which a few of the animals still remembered to have seen, had been inflicted by Napoleon's teeth.

In the middle of the summer Moses the raven suddenly reappeared on the farm, after an absence of several years. He was quite unchanged, still did no work, and talked in the same strain as ever about Sugarcandy Mountain. He would perch on a stump, flap his black wings, and talk by the hour to anyone who would listen. "Up there, comrades," he would say solemnly, pointing to the sky with his large beak—"up there, just on the other side of that dark cloud that you can see—there it lies, Sugarcandy Mountain, that happy country where we poor animals shall rest for ever from our labours!" He even claimed to have been there on one of his higher flights, and to have seen the everlasting fields of clover and the linseed cake and lump sugar growing on the hedges. Many of the animals believed him. Their lives now, they reasoned, were hungry and laborious; was it not right and just that a better world should exist somewhere else? A thing that was difficult to determine was the attitude of the pigs towards Moses. They all declared contemptuously that his stories about Sugarcandy Mountain were lies, and yet they allowed him to remain on the farm, not working, with an allowance of a gill of beer a day.

After his hoof had healed up, Boxer worked harder than ever. Indeed, all the animals worked like slaves that year. Apart from the regular work of the farm, and the rebuilding of the windmill, there was the schoolhouse for the young pigs, which was started in March. Sometimes the long hours on insufficient food were hard to bear, but Boxer never faltered. In nothing that he said or did was there any sign that his strength was not what it had been. It was only his appearance that was a little altered; his hide was less shiny than it had used to be, and his great haunches seemed to have shrunken. The others said, "Boxer will pick up when the spring grass comes on"; but the spring came and Boxer grew no fatter. Sometimes on the slope leading to the top of the quarry, when he braced his muscles against the weight of some vast boulder, it seemed that nothing kept him on his feet except the will to continue. At such times his lips were seen to form the words, "I will work harder"; he had no voice left. Once again Clover and Benjamin warned him to take care of his health, but Boxer paid no attention. His twelfth birthday was approaching. He did not care what happened so long as a good store of stone was accumulated before he went on pension.

Late one evening in the summer, a sudden rumour ran round the farm that something had happened to Boxer. He had gone out alone to drag a load of stone down to the windmill. And sure enough, the rumour was true. A few minutes later two pigeons came racing in with the news: "Boxer has fallen! He is lying on his side and can't get up!"

About half the animals on the farm rushed out to the knoll where the windmill stood. There lay Boxer, between the shafts of the cart, his neck stretched out, unable even to raise his head. His eyes were glazed, his sides matted with sweat. A thin stream of blood had trickled out of his mouth. Clover dropped to her knees at his side.

"Boxer!" she cried, "how are you?"

"It is my lung,"said Boxer in a weak voice. "It does not matter. I think you will be able to finish the windmill without me. There is a pretty good store of stone accumulated. I had only another month to go in any case. To tell you the truth, I had been looking forward to my retirement. And perhaps, as Benjamin is growing old too, they will let him retire at the same time and be a companion to me."

"We must get help at once," said Clover. "Run, somebody, and tell Squealer what has happened."

All the other animals immediately raced back to the farmhouse to give Squealer the news. Only Clover remained, and Benjamin who lay down at Boxer's side, and, without speaking, kept the flies off him with his long tail. After about a quarter of an hour Squealer appeared, full of sympathy and concern. He said that Comrade Napoleon had learned with the very deepest distress of this misfortune to one of the most loyal workers on the farm, and was already making arrangements to send Boxer to be treated in the hospital at Willingdon. The animals felt a little uneasy at this.

Except for Mollie and Snowball, no other animal had ever left the farm, and they did not like to think of their sick comrade in the hands of human beings. However, Squealer easily convinced them that the veterinary surgeon in Willingdon could treat Boxer's case more satisfactorily than could be done on the farm. And about half an hour later, when Boxer had somewhat recovered, he was with difficulty got on to his feet, and managed to limp back to his stall, where Clover and Benjamin had prepared a good bed of straw for him.

For the next two days Boxer remained in his stall. The pigs had sent out a large bottle of pink medicine which they had found in the medicine chest in the bathroom, and Clover administered it to Boxer twice a day after meals. In the evenings she lay in his stall and talked to him, while Benjamin kept the flies off him. Boxer professed not to be sorry for what had happened. If he made a good recovery, he might expect to live another three years, and he looked forward to the peaceful days that he would spend in the corner of the big pasture. It would be the first time that he had had leisure to study and improve his mind. He intended, he said, to devote the rest of his life to learning the remaining twenty-two letters of the alphabet.

However, Benjamin and Clover could only be with Boxer after working hours, and it was in the middle of the day when the van came to take him away. The animals were all at work weeding turnips under the supervision of a pig, when they were astonished to see Benjamin come galloping from the direction of the farm buildings, braying at the top of his voice. It was the first time that they had ever seen Benjamin excited—indeed, it was the first time that anyone had ever seen him gallop. "Quick, quick!" he shouted. "Come at once! They're taking Boxer away!" Without waiting for orders from the pig, the animals broke off work and raced back to the farm buildings. Sure enough, there in the yard was a large closed van, drawn by two horses, with lettering on its side and a sly-looking man in a low-crowned bowler hat sitting on the driver's seat. And Boxer's stall was empty.

The animals crowded round the van. "Good-bye, Boxer!" they chorused, "good-bye!"

"Fools! Fools!" shouted Benjamin, prancing round them and stamping the earth with his small hoofs. "Fools! Do you not see what is written on the side of that van?"

That gave the animals pause, and there was a hush. Muriel began to spell out the words. But Benjamin pushed her aside and in the midst of a deadly silence he read:

"'Alfred Simmonds, Horse Slaughterer and Glue Boiler, Willingdon. Dealer in Hides and Bone-Meal. Kennels Supplied.' Do you not understand what that means? They are taking Boxer to the knacker's!"

A cry of horror burst from all the animals. At this moment the man on the box whipped up his horses and the van moved out of the yard at a smart trot. All the animals followed, crying out at the tops of their voices. Clover forced her way to the front. The van began to gather speed. Clover tried to stir her stout limbs to a gallop, and achieved a canter. "Boxer!" she cried. "Boxer! Boxer! Boxer!" And just at this moment, as though he had heard the uproar outside, Boxer's face, with the white stripe down his nose, appeared at the small window at the back of the van.

"Boxer!" cried Clover in a terrible voice. "Boxer! Get out! Get out quickly! They're taking you to your death!"

All the animals took up the cry of "Get out, Boxer, get out!" But the van was already gathering speed and drawing away from them. It was uncertain whether Boxer had understood what Clover had said. But a moment later his face disappeared from the window and there was the sound of a tremendous drumming of hoofs inside the van. He was trying to kick his way out. The time had been when a few kicks from Boxer's hoofs would have smashed the van to matchwood. But alas! his strength had left him; and in a few moments the sound of drumming hoofs grew fainter and died away. In desperation the animals began appealing to the two horses which drew the van to stop. "Comrades, comrades!" they shouted. "Don't take your own brother to his death!" But the stupid brutes, too ignorant to realise what was happening, merely set back their ears and quickened their pace. Boxer's face did not reappear at the window. Too late, someone thought of racing ahead and shutting the five-barred gate; but in another moment the van was through it and rapidly disappearing down the road. Boxer was never seen again.

Three days later it was announced that he had died in the hospital at Willingdon, in spite of receiving every attention a horse could have. Squealer came to announce the news to the others. He had, he said, been present during Boxer's last hours.

"It was the most affecting sight I have ever seen!" said Squealer, lifting his trotter and wiping away a tear. "I was at his bedside at the very last. And at the end, almost too weak to speak, he whispered in my ear that his sole sorrow was to have passed on before the windmill was finished. 'Forward, comrades!' he whispered. 'Forward in the name of the Rebellion. Long live Animal Farm! Long live Comrade Napoleon! Napoleon is always right.' Those were his very last words, comrades."

Here Squealer's demeanour suddenly changed. He fell silent for a moment, and his little eyes darted suspicious glances from side to side before he proceeded.

It had come to his knowledge, he said, that a foolish and wicked rumour had been circulated at the time of Boxer's removal. Some of the animals had noticed that the van which took Boxer away was marked "Horse Slaughterer," and had actually jumped to the conclusion that Boxer was being sent to the knacker's. It was almost unbelievable, said Squealer, that any animal could be so stupid. Surely, he cried indignantly, whisking his tail and skipping from side to side, surely they knew their beloved Leader, Comrade Napoleon, better than that? But the explanation was really very simple. The van had previously been the property of the knacker, and had been bought by the veterinary surgeon, who had not yet painted the old name out. That was how the mistake had arisen.

The animals were enormously relieved to hear this. And when Squealer went on to give further graphic details of Boxer's death-bed, the admirable care he had received, and the expensive medicines for which Napoleon had paid without a thought as to the cost, their last doubts disappeared and the sorrow that they felt for their comrade's death was tempered by the thought that at least he had died happy.

Napoleon himself appeared at the meeting on the following Sunday morning and pronounced a short oration in Boxer's honour. It had not been possible, he said, to bring back their lamented comrade's remains for interment on the farm, but he had ordered a large wreath to be made from the laurels in the farmhouse garden and sent down to be placed on Boxer's grave. And in a few days' time the pigs intended to hold a memorial banquet in Boxer's honour. Napoleon ended his speech with a reminder of Boxer's two favourite maxims, "I will work harder" and "Comrade Napoleon is always right"—maxims, he said, which every animal would do well to adopt as his own.

On the day appointed for the banquet, a grocer's van drove up from Willingdon and delivered a large wooden crate at the farmhouse. That night there was the sound of uproarious singing, which was followed by what sounded like a violent quarrel and ended at about eleven o'clock with a tremendous crash of glass. No one stirred in the farmhouse before noon on the following day, and the word went round that from somewhere or other the pigs had acquired the money to buy themselves another case of whisky.

Chapter 10

Years passed. The seasons came and went, the short animal lives fled by. A time came when there was no one who remembered the old days before the Rebellion, except Clover, Benjamin, Moses the raven, and a number of the pigs.

Muriel was dead; Bluebell, Jessie, and Pincher were dead. Jones too was dead—he had died in an inebriates' home in another part of the country. Snowball was forgotten. Boxer was forgotten, except by the few who had known him. Clover was an old stout mare now, stiff in the joints and with a tendency to rheumy eyes. She was two years past the retiring age, but in fact no animal had ever actually retired. The talk of setting aside a corner of the pasture for superannuated animals had long since been dropped. Napoleon was now a mature boar of twenty-four stone. Squealer was so fat that he could with difficulty see out of his eyes. Only old Benjamin was much the same as ever, except for being a little greyer about the muzzle, and, since Boxer's death, more morose and taciturn than ever.

There were many more creatures on the farm now, though the increase was not so great as had been expected in earlier years. Many animals had been born to whom the Rebellion was only a dim tradition, passed on by word of mouth, and others had been bought who had never heard mention of such a thing before their arrival. The farm possessed three horses now besides Clover. They were fine upstanding beasts, willing workers and good comrades, but very stupid. None of them proved able to learn the alphabet beyond the letter B. They accepted everything that they were told about the Rebellion and the principles of Animalism, especially from Clover, for whom they had an almost filial respect; but it was doubtful whether they understood very much of it.

The farm was more prosperous now, and better organised: it had even been enlarged by two fields which had been bought from Mr. Pilkington. The windmill had been successfully completed at last, and the farm possessed a threshing machine and a hay elevator of its own, and various new buildings had been added to it. Whymper had bought himself a dogcart. The windmill, however, had not after all been used for generating electrical power. It was used for milling corn, and brought in a handsome money profit. The animals were hard at work building yet another windmill; when that one was finished, so it was said, the dynamos would be installed. But the luxuries of which Snowball had once taught the animals to dream, the stalls with electric light and hot and cold water, and the three-day week, were no longer talked about. Napoleon had denounced such ideas as contrary to the spirit of Animalism. The truest happiness, he said, lay in working hard and living frugally.

Somehow it seemed as though the farm had grown richer without making the animals themselves any richer—except, of course, for the pigs and the dogs. Perhaps this was partly because there were so many pigs and so many dogs. It was not that these creatures did not work, after their fashion. There was, as Squealer was never tired of explaining, endless work in the supervision and organisation of the farm. Much of this work was of a kind that the other animals were too ignorant to understand. For example, Squealer told them that the pigs had to expend enormous labours every day upon mysterious things called "files," "reports," "minutes," and "memoranda." These were large sheets of paper which had to be closely covered with writing, and as soon as they were so covered, they were burnt in the furnace. This was of the highest importance for the welfare of the farm, Squealer said. But still, neither pigs nor dogs produced any food by their own labour; and there were very many of them, and their appetites were always good.

As for the others, their life, so far as they knew, was as it had always been. They were generally hungry, they slept on straw, they drank from the pool, they laboured in the fields; in winter they were troubled by the cold, and in summer by the flies. Sometimes the older ones among them racked their dim memories and tried to determine whether in the early days of the Rebellion, when Jones's expulsion was still recent, things had been better or worse than now. They could not remember. There was nothing with which they could compare their present lives: they had nothing to go upon except

Squealer's lists of figures, which invariably demonstrated that everything was getting better and better. The animals found the problem insoluble; in any case, they had little time for speculating on such things now. Only old Benjamin professed to remember every detail of his long life and to know that things never had been, nor ever could be much better or much worse—hunger, hardship, and disappointment being, so he said, the unalterable law of life.

And yet the animals never gave up hope. More, they never lost, even for an instant, their sense of honour and privilege in being members of Animal Farm. They were still the only farm in the whole county—in all England! —owned and operated by animals. Not one of them, not even the youngest, not even the newcomers who had been brought from farms ten or twenty miles away, ever ceased to marvel at that. And when they heard the gun booming and saw the green flag fluttering at the masthead, their hearts swelled with imperishable pride, and the talk turned always towards the old heroic days, the expulsion of Jones, the writing of the Seven Commandments, the great battles in which the human invaders had been defeated. None of the old dreams had been abandoned. The Republic of the Animals which Major had foretold, when the green fields of England should be untrodden by human feet, was still believed in. Some day it was coming: it might not be soon, it might not be with in the lifetime of any animal now living, but still it was coming. Even the tune of Beasts of England was perhaps hummed secretly here and there: at any rate, it was a fact that every animal on the farm knew it, though no one would have dared to sing it aloud. It might be that their lives were hard and that not all of their hopes had been fulfilled; but they were conscious that they were not as other animals. If they went hungry, it was not from feeding tyrannical human beings; if they worked hard, at least they worked for themselves. No creature among them went upon two legs. No creature called any other creature "Master." All animals were equal.

One day in early summer Squealer ordered the sheep to follow him, and led them out to a piece of waste ground at the other end of the farm, which had become overgrown with birch saplings. The sheep spent the whole day there browsing at the leaves under Squealer's supervision. In the evening he returned to the farmhouse himself, but, as it was warm weather, told the sheep to stay where they were. It ended by their remaining there for a whole week, during which time the other animals saw nothing of them. Squealer was with them for the greater part of every day. He was, he said, teaching them to sing a new song, for which privacy was needed.

It was just after the sheep had returned, on a pleasant evening when the animals had finished work and were making their way back to the farm buildings, that the terrified neighing of a horse sounded from the yard. Startled, the animals stopped in their tracks. It was Clover's voice. She neighed again, and all the animals broke into a gallop and rushed into the yard. Then they saw what Clover had seen.

It was a pig walking on his hind legs.

Yes, it was Squealer. A little awkwardly, as though not quite used to supporting his considerable bulk in that position, but with perfect balance, he was strolling across the yard. And a moment later, out from the door of the farmhouse came a long file of pigs, all walking on their hind legs. Some did it better than others, one or two were even a trifle unsteady and looked as though they would have liked the support of a stick, but every one of them made his way right round the yard successfully. And finally there was a tremendous baying of dogs and a shrill crowing from the black cockerel, and out came Napoleon himself, majestically upright, casting haughty glances from side to side, and with his dogs gambolling round him.

He carried a whip in his trotter.

There was a deadly silence. Amazed, terrified, huddling together, the animals watched the long line of pigs march slowly round the yard. It was as though the world had turned upside-down. Then there came a moment when the first shock had worn off and when in spite of everything—in spite of their terror of the dogs, and of the habit, developed through long years, of never complaining, never criticising, no matter what happened—they might have uttered some word of protest. But just at that moment, as though at a signal, all the sheep burst out into a tremendous bleating of—

"Four legs good, two legs better! Four legs good, two legs better! Four legs good, two legs better!"

It went on for five minutes without stopping. And by the time the sheep had quieted down, the chance to utter any protest had passed, for the pigs had marched back into the farmhouse.

Benjamin felt a nose nuzzling at his shoulder. He looked round. It was Clover. Her old eyes looked dimmer than ever. Without saying anything, she tugged gently at his mane and led him round to the end of the big barn, where the Seven Commandments were written. For a minute or two they stood gazing at the tatted wall with its white lettering.

"My sight is failing," she said finally. "Even when I was young I could not have read what was written there. But it appears to me that that wall looks different. Are the Seven Commandments the same as they used to be, Benjamin?"

For once Benjamin consented to break his rule, and he read out to her what was written on the wall. There was nothing there now except a single Commandment. It ran:

ALL ANIMALS ARE EQUAL

BUT SOME ANIMALS ARE MORE EQUAL THAN OTHERS

After that it did not seem strange when next day the pigs who were supervising the work of the farm all carried whips in their trotters. It did not seem strange to learn that the pigs had bought themselves a wireless set, were arranging to install a telephone, and had taken out subscriptions to *John Bull*, *Tit–Bits*, and *the Daily Mirror*. It did not seem strange when Napoleon was seen strolling in the farmhouse garden with a pipe in his mouth—no, not even when the pigs took Mr. Jones's clothes out of the wardrobes and put them on, Napoleon himself appearing in a black coat, ratcatcher breeches, and leather leggings, while his favourite sow appeared in the watered silk dress which Mrs. Jones had been used to wear on Sundays.

A week later, in the afternoon, a number of dogcarts drove up to the farm. A deputation of neighbouring farmers had been invited to make a tour of inspection. They were shown all over the farm, and expressed great admiration for everything they saw, especially the windmill. The animals were weeding the turnip field. They worked diligently, hardly raising their faces from the ground, and not knowing whether to be more frightened of the pigs or of the human visitors.

That evening loud laughter and bursts of singing came from the farmhouse. And suddenly, at the sound of the mingled voices, the animals were stricken with curiosity. What could be happening in there, now that for the first time animals and human beings were meeting on terms of equality? With one accord they began to creep as quietly as possible into the farmhouse garden.

At the gate they paused, half frightened to go on, but Clover led the way in. They tiptoed up to the house, and such animals as were tall enough peered in at the dining-room window. There, round the long table, sat half a dozen farmers and half a dozen of the more eminent pigs, Napoleon himself occupying the seat of honour at the head of the table. The pigs appeared completely at ease in their chairs. The company had been enjoying a game of cards but had broken off for the moment, evidently in order to drink a toast. A large jug was circulating, and the mugs were being refilled with beer. No one noticed the wondering faces of the animals that gazed in at the window.

Mr. Pilkington, of Foxwood, had stood up, his mug in his hand. In a moment, he said, he would ask the present company to drink a toast. But before doing so, there were a few words that he felt it incumbent upon him to say.

It was a source of great satisfaction to him, he said—and, he was sure, to all others present—to feel that a long period of mistrust and misunderstanding had now come to an end. There had been a time—not that he, or any of the present company, had shared such sentiments—but there had been a time when the respected proprietors of Animal Farm had been regarded, he would not say with hostility, but perhaps with a certain measure of misgiving, by their human neighbours. Unfortunate incidents had occurred, mistaken ideas had been current. It had been felt that the existence of a farm owned and operated by pigs was somehow abnormal and was liable to have an unsettling effect in the neighbourhood. Too many farmers had assumed, without due enquiry, that on such a farm a spirit of licence and indiscipline would prevail. They had been nervous about the effects upon their own animals, or even upon their human employees. But all such doubts were now dispelled. Today he and his friends had visited Animal Farm and inspected every inch of it with their own eyes, and what did they find? Not only the most up-to-date methods, but a discipline and an orderliness which should be an example to all farmers everywhere. He believed that he was right in saying that the lower animals on Animal Farm did more work and received less food than any animals in the county. Indeed, he and his fellow-visitors today had observed many features which they intended to introduce on their own farms immediately.

He would end his remarks, he said, by emphasising once again the friendly feelings that subsisted, and ought to subsist, between Animal Farm and its neighbours. Between pigs and human beings there was not, and there need not be, any clash of interests whatever. Their struggles and their difficulties were one. Was not the labour problem the same everywhere? Here it became apparent that Mr. Pilkington was about to spring some carefully-prepared witticism on the company, but for a moment he was too overcome by amusement to be able to utter it. After much choking, during which his various chins turned purple, he managed to get it out: "If you have your lower animals to contend with," he said, "we have our lower classes!" This *bon mot* set the table in a roar; and Mr. Pilkington once again congratulated the pigs on the low rations, the long working hours, and the general absence of pampering which he had observed on Animal Farm.

And now, he said finally, he would ask the company to rise to their feet and make certain that their glasses were full. "Gentlemen," concluded Mr. Pilkington, "gentlemen, I give you a toast: To the prosperity of Animal Farm!"

There was enthusiastic cheering and stamping of feet. Napoleon was so gratified that he left his place and came round the table to clink his mug against Mr. Pilkington's before emptying it. When the cheering had died down, Napoleon, who had remained on his feet, intimated that he too had a few words to say.

Like all of Napoleon's speeches, it was short and to the point. He too, he said, was happy that the period of misunderstanding was at an end. For a long time there had been rumours-circulated, he had reason to think, by some malignant enemy—that there was something subversive and even revolutionary in the outlook of himself and his colleagues. They had been credited with attempting to stir up rebellion among the animals on neighbouring farms. Nothing could be further from the truth! Their sole wish, now and in the past, was to live at peace and in normal business relations with their neighbours. This farm which he had the honour to control, he added, was a co-operative enterprise. The title-deeds, which were in his own possession, were owned by the pigs jointly.

He did not believe, he said, that any of the old suspicions still lingered, but certain changes had been made recently in the routine of the farm which should have the effect of promoting confidence stiff further. Hitherto the animals on the farm had had a rather foolish custom of addressing one another as "Comrade." This was to be suppressed. There had also been a very strange custom, whose origin was unknown, of marching every Sunday morning past a boar's skull which was nailed to a post in the garden. This, too, would be suppressed, and the skull had already been buried. His visitors might have observed, too, the green flag which flew from the masthead. If so, they would perhaps have noted that the white hoof and horn with which it had previously been marked had now been removed. It would be a plain green flag from now onwards.

He had only one criticism, he said, to make of Mr. Pilkington's excellent and neighbourly speech. Mr. Pilkington had referred throughout to "Animal Farm." He could not of course know—for he, Napoleon, was only now for the first time announcing it—that the name "Animal Farm" had been abolished. Henceforward the farm was to be known as "The Manor Farm" —which, he believed, was its correct and original name.

"Gentlemen," concluded Napoleon, "I will give you the same toast as before, but in a different form. Fill your glasses to the brim. Gentlemen, here is my toast: To the prosperity of The Manor Farm! "

There was the same hearty cheering as before, and the mugs were emptied to the dregs. But as the animals outside gazed at the scene, it seemed to them that some strange thing was happening. What was it that had altered in the faces of the pigs? Clover's old dim eyes flitted from one face to another. Some of them had five chins, some had four, some had three. But what was it that seemed to be melting and changing? Then, the applause having come to an end, the company took up their cards and continued the game that had been interrupted, and the animals crept silently away.

But they had not gone twenty yards when they stopped short. An uproar of voices was coming from the farmhouse. They rushed back and looked through the window again. Yes, a violent quarrel was in progress. There were shoutings, bangings on the table, sharp suspicious glances, furious denials. The source of the trouble appeared to be that Napoleon and Mr. Pilkington had each played an ace of spades simultaneously.

Twelve voices were shouting in anger, and they were all alike. No question, now, what had happened to the faces of the pigs. The creatures outside looked from pig to man, and from man to pig, and from pig to man again: but already it was impossible to say which was which.